AF343990

LA VIE
HEUREUSE
OU
L'HOMME
CONTENT,
ENSEIGNANT
L'ART DE BIEN VIVRE.

Où les plus belles Maximes de la Morale sont representées par divers Exemples Histori-
ques, qui peuvent servir à conduire nos passions, à pratiquer la Vertu, & fuïr les Vices.

NOUVELLE EDITION.

A PARIS,

Chez la Veuve de J. CHARPENTIER, dans la grand'Salle du Palais, au sixiéme Pillier, à la Couronne d'or.

M. DCCXIII.

Avec Approbation, & Privilege du Roy.

A
MONSEIGNEUR
LE
CHANCELIER.

ONSEIGNEUR,

Cet Ouvrage a vû si heureusement le jour sous la protection de vô-

EPISTRE.

tre Illustre Nom, qu'il a fait connoître le mien par tout le monde. Je
publie cette verité à vôtre gloire,
MONSEIGNEUR, parce qu'elle
ait la mienne, & je ne suis point
honteux d'y trouver mon interêt, le
vôtre le justifie. Quel plus grand
vantage pourrois-je prétendre, que
celuy d'employer toute ma vie à faire
vos Eloges, puisque toute ma vie
serviroit de matiere à faire le mien?
Comme l'honneur de parler sans cesse
de celuy que vous meritez, passe jus-
qu'à moy, il me tient lieu de merite,
ce qui m'oblige d'avoir toûjours la
plume à la main, pour décrire les
merveilles que vous avez faites. Je
ne m'en étonne pas, MONSEI-
GNEUR, comme vos perfections
sont sans nombre, vôtre merite ne se

peut exprimer; & tous ceux qui con-
noiſſent vos belles qualiteż, confeſ-
ſent avec moy, que celle de Chancelier eſt la moindre de toutes. La
ſeule ſatisfaction qui me demeure,
c'eſt d'avoir une Plume en partage,
pour faire foy aux Siecles à venir,
que vous avez merité tous les Eloges
du nôtre. Pour moy je n'en ay jamais ſouhaité d'autre que celuy qui
eſt inſeparable de la qualité que je
porte,

MONSEIGNEUR,

De vôtre tres-humble, tres-
obéiſſant, & tres-obligé
Serviteur,
L. S***.

PREFACE.

L'Homme Content que je represente dans ce Livre, n'est pas ce Sage superbe, qui se vante d'être heureux, & de ne devoir sa felicité qu'à sa raison. Bien loin d'avoir des sentimens si magnifiques de sa personne, il se considere comme un composé de misere & d'infirmité ; & les hauts sentimens qu'il a de son Dieu, ne luy laissent que du mépris pour soy-même. Il n'ignore pas que le néant est tout ce qui lui appartient en propre ; & que tout ce qui est en luy, qui n'est pas néant, il le tient de son Createur. Il sçait bien que son ingratitude l'a rendu indigne des graces qu'il a reçûës du Ciel, & que son aveuglement & sa servitude font la jufte peine du mauvais ufage qu'il a fait de fa raifon & de fa liberté. Je dis bien plus, il eft perfuadé par la connoiffance qu'il a de luy-même, qu'il eft de tous les partis qui fe forment contre fon repos ; & que fes ennemis doivent aux armes qu'il leur fournit, l'avantage qu'ils ont de le vaincre. Se reconnoiffant, comme il fait, il n'a garde de fonder fes efperances fur fon merite ; & il faudroit qu'il abandonnât fes propres lumieres , s'il cherchoit fon bonheur ailleurs que dans la bonté de celuy qui appelle les chofes qui ne font pas, comme celles qui font, & qui en les nommant, fait qu'elles deviennent ce qu'il les nomme; & parce que nôtre humilité eft une confeffion de la grandeur de Dieu , & une marque de nôtre reconnoiffance, il s'aneantit tous les jours devant lui, & par cet aneantiffement volontaire , il

l'oblige, pour le dire ainsi, de ver-
ser tous les jours sur luy de nouvelles graces, de le regenerer continuellement. C'est dans le divin
commerce de cette mort & de cette resurrection, que se rencontre
le solide bonheur. Hors de-là rien
que chagrin & inquiétude ; rien que
travail d'esprit : C'est aussi là que
cherche son contentement l'Homme que je represente dans ce Livre.
Les grandeurs & les richesses que la
Fortune étale avec tant de pompe,
& qui font presque tous les souhaits des Sages du monde, n'ont
pour luy que de foibles & de vains
appas, elles ne trouvent dans son
cœur que du mépris ou de l'indifference ; & tout ce qui flate l'ambition & la credulité de ses Partisans,
passe dans son esprit pour une trom-
peuse amorce, & pour le fantôme
de la veritable felicité.

LA VIE

LA VIE HEUREUSE,

OV

L'HOMME

CONTENT.

CHAPITRE I.

COMME l'homme est l'artisan de son repos, il peut travailler à son établissement : il suffit qu'on soit raisonnable pour se rendre heureux ; & nous trouvons dans la raison tout ce qui peut nous satisfaire.

Du moment qu'un homme sçait qu'il est né , & pour mourir , & pour se sauver, cette seule Science luy en peut apprendre tous les Preceptes.

La pensée de ce dernier moment qui décidera nôtre destinée, & la reflexion sur cette Eternité heureuse , ou malheureuse qui luy succedera , peut nous combler de joye au milieu de nos chagrins, dans la resolution déterminée de faire toûjours nôtre devoir.

Comme la mort doit être nôtre objet , & l'Eternité nôtre fin , nous pouvons dans cette vûë & dans ce sentiment , terminer nôtre course à l'abry de la Fortune , sans connoître la Crainte que par le peché , ny l'Esperance que par la Gloire,

Quelle joye de ne craindre jamais que d'offenser Dieu ! & quelle satisfaction de n'esperer

que la jouïssance de ses délices
éternelles , puisque cette crainte
nous donne le courage de mépriser
toutes choses ; & que cette esperance a la vertu de rassasier l'appe-
tit déreglé de nos cœurs.

De sorte qu'ayant toûjours l'esprit rempli de la douceur du Bien,
pour le suivre , & de l'horreur du
Mal pour le fuïr , nous commen-
çons à goûter les plaisirs du Paradis , que la Misericorde de Dieu
nous promet , sans que nous soyons
touchez d'une forte apprehension
des supplices de l'Enfer , dont sa
Justice nous menace.

Le Ciel a beau éblouïr nos
yeux de la lumiere des éclairs , &
frapper nos oreilles du bruit de
ses foudres ; s'il nous étonne , c'est
de la croyance qu'on a que nous
devons l'estre ; nous tirons nôtre
repos de celui de nôtre conscience , & quelques faveurs que le

Monde nous promette , nous les
regardons avec tant d'indifference,
que toutes les fois que nous y pensons , c'est pour nous resoudre une
derniere à n'y penser jamais.

Dans cette assiette où l'homme
de bien s'est étably par la seule
force de son raisonnement , il
vieillit avec plaisir , en s'approchant du Tombeau avec joye ;
& comme il regarde Dieu en
toutes ses actions , il en voit en
luy même un succés favorable ,
puisqu'il les justifie en les lui of-
frant.

C'est de la sorte que nous pouvons être heureux sans l'aide de
la Fortune , en trouvant dans
nôtre vie exempte de reproche ,
le solide repos , que nous cherchons par tout ailleurs inutilement.

L'experience du passé nous instruit pour l'avenir , & nous invite

à ménager le préfent avec tant de conduite, que par ce moyen nous tirons nôtre repos du bon ufage que nous en faifons.

Comme la Memoire ne nous a été donnée que pour nôtre inftruction, l'homme de bien fe fert des Leçons qu'elle luy fait, pour éviter les fautes qu'il a faites ; & ces Leçons luy paroiffent d'autant plus agreables, qu'elles luy font utiles, puifque fon falut en eft tout à la fois, & l'objet & la fin.

Il fe fouvient que tous les plaifirs qu'il a eu, ont été imaginaires, comme s'il ne les avoit goûtez qu'en fonge.

Que tous les biens qu'il a defirez n'ont pû fatisfaire fon cœur en leur jouïffance, puifqu'elle-même luy en donnoit le mépris ; & qu'en quelque heureux état où il fe foit trouvé, il attendoit un bon-

A iij

heur qu'il ſouhaitoit encore ; & cette longue attente , devancée d'un impatient deſir , luy faiſoit oublier la felicité qu'il poſſedoit.

De toutes ces veritez nous devons en faire ce nouveau raiſonnement , que nous ne devons rien ſouhaiter hors de Dieu , pour vivre heureux , aprés nous être abandonnez ſous ſa conduite , puiſqu'en marchant à la faveur de ſa lumiere , nous verrons la fin de nos deſirs , à meſure qu'ils naîtront en nous , ce qui nous affermira dans cette reſolution que nous avons priſe de porter tous nos vœux ſur ſes Autels , pour les voir bien-tôt exaucez.

C'eſt ſur ces fondemens ſolides qu'un veritable Chrétien établit ſa maniere de vivre pour ſe rendre inſenſible , aux eſperances que la Fortune luy donne , & aux promeſſes que le Monde luy fait ; &

par un mépris de tous les deux , il joüit du repos que luy-même s'est acquis , sans méconnoître celuy qui luy en donne l'industrie , en éclairant son esprit pour discerner le vray d'avec le faux , & en échauffant sa volonté pour se resoudre une derniere fois , & à l'amour de l'un , & à la haine de l'autre.

Tout le console , & rien ne l'afflige , aprés avoir appris le bel art de tirer sa consolation des maux mêmes qui luy peuvent arriver , ce n'est pas qu'il ne soit toûjours Homme , & conséquemment toûjours foible , mais l'experience luy enseigne que ceux qui s'attachent à la suite de la Vertu , ne la perdent jamais de vûë , puisqu'ils ne sçauroient être satisfaits qu'en la voyant.

Si nous sçavions le plaisir qu'il y a d'être vertueux , nous n'au-

rions de l'averſion que pour le
Vice ; il eſt ſi effroyable , quand
on fait reflexion ſur ſa laideur ,
qu'à moins d'être nourry & élevé
avec luy , on ne ſçauroit s'engager
à ſa ſuite , parce qu'il eſt accom-
pagné de toutes ſortes de malheurs.

Un homme vicieux a tant de
peine à vivre , qu'il traîne ſa vie
au lieu de la porter ; il a beau s'é-
tudier à la rendre délicieuſe , ſon
étude eſt inutile.

Il employe le temps à faire des
bouquets de fleurs , ſans conſiderer
que le temps même qu'il y met
les fait fletrir à meſure qu'il les
cueille ; tous ſes contentemens
ſont de même nature qu'elles , les
uns & les autres ne durent qu'un
inſtant.

Il n'eſt point de fleur qui ne
prenne congé de nous quand on
la regarde , il n'eſt point de plaiſir

qui ne nous dise adieu quand on le ressent.

Tous les malheurs de la vie viennent de celuy de vivre sans y penser; & comme on se met en hazard de mourir de même, jugez de l'importance du peril, il ne se peut reparer.

Ce n'est pas assez de prendre le temps comme il vient, il faut le prendre comme on doit, la recette qu'on en fait nous reduit à la necessité de rendre compte de son usage.

Que ce soit aujourd'hui ou demain, nous sommes toûjours comptables; tout ce qui doit être necessairement, doit être present à nôtre esprit, pour prendre nos mesures sur celle de sa presence; la verité sensible persuade les sens aprés avoir persuadé l'entendement.

Je ne sçaurois excuser ceux qui

bronchent à la suite de ceux qui
ſont tombez ; l'exemple de leur
chûte eſt un flambeau qui leur
doit ſervir de guide en les éclairant.

Ce n'eſt pas que la raiſon ne nous
ſoit donnée à ce même uſage ; mais
comme chacun raiſonne à ſa façon,
les plus foibles Eſprits ſont d'autant plus malheureux , que leurs
mauvaiſes habitudes ſont en cela
toutes leurs diſgraces.

Si dés le moment qu'un homme n'eſt plus en âge d'avoir un
Precepteur , il ne s'en ſert luy-même , toutes les Leçons qu'on luy
a données luy ſeront inutiles : la
derniere qu'on reçoit en demande
d'autres qui nous éclairent ſans
ceſſe dans le chemin de nôtre devoir ; mais le malheur vient que
la Jeuneſſe ne le connoît pas, ou
ſi elle le connoit , c'eſt ſi foiblement , qu'elle prend toûjours l'ap-

parence pour la verité.

Un homme sage & jeune, est un Homme nouveau que la Nature même cherche en sa presence, puisque le Hazard se sert de son moule pour le faire : l'unique moyen d'être vieux sans avoir beaucoup d'âge, c'est de songer en marchant, au lieu où nous allons ; & comme nôtre carriere aboutit au Tombeau, il faut que son objet soit toûjours present dans nôtre esprit, pour en exempter & nôtre nom, & nôtre memoire ; celuy qui pense toûjours à la mort, ne mourra jamais.

C'est un grand bonheur d'être sage avant le temps ; mais tout consiste à sçavoir connoître la sagesse ; comme il n'en est point d'autre que la Chrêtienne, c'est vivre sagement, que de vivre Chrêtiennement ; les plus belles Maximes de la vie consistent à la paſſer ſans reproche.

Il eſt autant de manieres de vivre qu'il y a de vivans ; mais tous doivent avoir la Raiſon pour flambeau , & le Devoir pour guide ; & à moins que la vie ne ſoit éclairée de l'une , & conduite par l'autre , on peut ſoûtenir qu'elle eſt agonizante , puiſqu'elle meurt ſans ceſſe pour mourir unederniere fois.

La mauvaiſe vie ne s'appelle pas proprement ainſi , & l'on peut dire ſans démentir la verité , qu'elle eſt d'autant plus imaginaire , qu'elle paroît ſenſible , puiſqu'elle releve de la mort , à proportion qu'elle releve des ſens.

Il faut de neceſſité vivre de la vie de l'eſprit , pour ſe mettre au nombre des vivans ; tous ceux qui vivent de la vie du corps , meurent avec lui ; & pour un ſurcroiſt de malheur , la mort en eſt éternelle,

Quand le Monde eſt nôtre ſeul
objet, luy-même eſt nôtre derniere fin; on a beau marcher quelque temps en triomphe icy-bas :
comme nôtre ruïne nous ſert de
trophée, la Terre qui fait le champ
de nôtre victoire eſt nôtre Tombeau.

Le ſeul moyen de nous rendre
heureux en ce monde, c'eſt de
penſer toûjours aux moyens d'acquerir les felicitez de l'autre, puiſque leur durée doit être celle-là
même de l'Eternité.

Reflexion Morale,

Nous ne ſçaurions être heureux
que par le ſoin que nous prendrons
de rendre nôtre vie heureuſe ; &
ſon bonheur conſiſte à vivre ſans
reproche en faiſant toûjours nôtre
devoir.

Il faut que cette verité ſoit l'ob-

jet de nos penſées & de nos actions, ſi nous voulons trouver la
ſolide tranquillité que tout le monde cherche.

Les voyes de la Juſtice aboutiſ-
ſent à la felicité ; tous les autres
chemins nous en éloignent ſi fort,
que nous la perdons peu à peu de
vûë, puiſqu'il ne nous en demeure
à la fin qu'une vaine idée qui paſſe
pour ſonge.

CHAPITRE II.

En quoi consiste le repos de la Vie.

TOut le monde cherche le repos , & personne ne le trouve, on ne doit pas s'en éton-- ner , chacun le cherche hors de luy, & il ne le peut trouver qu'en luy-même.

La tranquillité de l'ame fait la tranquillité de la vie ; c'est sur la foy de la conscience qu'on se peut dire heureux ou malheureux , son repos & son bourellement font nos felicitez & nos disgraces.

L'on a beau consulter la Nature pour apprendre l'art de se contenter , tous les Preceptes qu'elle donne sont démentis par l'experience ; celle-cy nous fait ressentir le contraire de ce que l'autre nous enseigne.

Ce n'est pas qu'un Homme du monde ne vieillisse à la suite de la Volupté ; mais comme les roses qu'elle luy donne se flétrissent entre les mains, & que les épines luy en demeurent dans l'ame, il n'ose balancer le plaisir qu'il ressent avec la douleur qui l'accompagne, parce que celle-cy remplit en effet son cœur d'amertume, tandis que l'autre charme en apparence ses sens.

C'est une étrange vie de vivre sans raisonner ! Aussi-tôt que la raison nous éclaire, nous cherchons inutilement jusques dans nôtre souvenir les plaisirs que nous avons goûtez ; les idées qui nous en restent sont si foibles, qu'on se dément soy-même, n'osant tenir aujourd'huy pour veritable, ce qui l'a esté autrefois.

Quelques grands que soient nos délices, si nos ames n'en res-
sentent

sentent la douleur, elles se changent en amertumes ; l'esprit ne peut
être satisfait, si la conscience n'est
en repos, & son inquietude est de
telle nature, qu'elle nous fait voir
la fausseté de nos propres sentimens.

Tandis que nôtre memoire est
remplie de l'horreur de nos crimes,
nôtre cœur ne sçauroit goûter la
joye de nos prosperitez.

Nous avons beau posseder tout
ce que nous avons souhaité, comme
le vuide de nos cœurs ne peut être
remply que de celuy-là même qui
remplit l'air qu'ils respirent, l'ac-
complissement de nos desirs en fait
naître de mouveaux, pour nous
donner de nouvelles inquietudes,
de sorte que l'esperance se rend
toûjours dépositaire de nôtre repos, afin de nous rendre toûjours
miserables.

Le souverain remede à ce mal,

c'eſt de ſe contenter de ce qu'on poſſede, aprés être inſtruits par une heureuſe experience, que le neceſſaire ne nous eſt jamais re-fuſé.

Il faut ſe repreſenter que la Juſtice de nos vœux fait la certi-tude du ſuccés qu'on en eſpere, parce que cette Juſtice eſt une priere continuelle au Ciel de le rendre favorable; & ſon ſecours eſt d'autant plus infaillible, que la bonté que nous eſperons eſt infi-nie.

Nous ne devons point conſulter le monde pour apprendre le moyen d'y vivre content; comme il n'a que de faux plaiſirs à donner, ſes conſeils ne peuvent réüſſir qu'à nôtre dommage; l'experience nous peut ſi bien inſtruire, que nous n'avons pas beſoin d'autre leçon. Quelque établiſſement que nous donnions à nôtre fortune, il ne

ſçauroit être ſolide qu'en apparence, ſi la juſtice n'en a jetté les fondemens : il faut de neceſſité que ce
ſoit un ouvrage de ſon induſtrie, la
nôtre eſt trop foible pour en voir
une heureuſe fin : il eſt vray qu'on
y peut travailler avec elle, mais ce
n'eſt que pour diſpoſer la matiere,
la forme doit venir de ſa main.

C'eſt iuutilement que les plus
heureux du monde s'imaginent de
l'être, dans la méconnoiſſance où
ils ſont de la cauſe de leur bonheur.

La vraye felicité eſt dans le
Ciel, c'eſt de luy ſeul qu'on la doit
attendre ; & comme ſa lumiere ne
ſçauroit luire dans nos ames, ſi
elles n'ont la pureté pour en conſerver l'éclat, nous ne ſçaurions
être heureux qu'à proportion que
nous ſommes innocens : l'innocence & le bonheur ſe confondent enſemble : ce qui nous fait
voir que la tranquillité de l'eſprit

fait la tranquillité de la vie , & que
pour en goûter les douceurs , il faut
de necessité se mettre à l'abry de
nôtre propre censure , en justifiant
nos actions & à la veuë de Dieu ,
& à la veuë du monde ; celuy-cy
en est le premier Juge.

La vertu solide a cela de propre , qu'elle nous fait regarder tout
à la fois & le Ciel & la Terre ; le
Ciel pour acquerir ses felicitez en
marchant dans les voyes de la justice , & la Terre pour rendre son
sejour délicieux , en subissant sans
murmurer les Loix que nous y
avons trouvées.

Il suffit aux Ames vrayement
Chrêtiennes , de connoître leur
devoir pour le suivre ; il a des at-
traits si puissans , qu'il semble qu'elles nesoient libres qu'à n'y resister
pas ; tout cede à leur raisonnement :
& quoique l'amour propre préside
dans leurs conseils , elles ne font

que changer son objet, en luy donnant l'Eternité pour son point de
veuë, au lieu du temps.

Jamais Homme ne sera heu-
reux qu'en imagination, si sa
bonne vie ne fait sa felicité. Je
veux qu'il ne s'approche du Tombeau que par les voyes que la volupté même luy aura frayées ; il
ne sçauroit faire reflexion sur ce
beau chemin qu'il tient, sans connoître qu'il s'est égaré : & comme
cette connoissance met en allarme
toutes les puissances de son ame,
jugez de sa douleur par sa crainte,
& de cette crainte par son objet,
il s'agit d'un dommage irreparable.

Qu'il se flatte aujourd'huy tant
qu'il voudra, demain il changera
de langage ; celuy de la conscience
est si eloquent, qu'il persuade les
plus incredules.

Ce n'est pas qu'il n'y ait des a-

veugles volontaires , & des mali-
cieux obſtinez ; mais le temps
rompt le bandeau de cet aveuglement , & les plus opiniâtres ſe rendent à la force de l'exemple , quand
ils reſiſtent à celle de la raiſon.

Ceux qui tombent à nos yeux ,
nous inſtruiſent par leur chute ; &
par un excés de bonheur , leurs
plaintes inutiles frappent utilement nos oreilles pour dévoiler
nôtre eſprit , aprés avoir convaincu nos ſens.

Comme il eſt neceſſaire de bien
vivre pour être heureux , nôtre
bonheur doit être d'autante plus
grand , qu'on le peut trouver dans
une ſi douce neceſſité.

Eſt il rien de plus doux que de
ſubir la Loy qui nous impoſe de
chercher nôtre felicité à la ſuite de
la Vertu ? C'eſt elle qui ſe donne ,
nos ſentimens en font foy , & elle
ne veut point d'autres témoins ,

afin que leur témoignage foît fans reproche.

Jamais Homme ne s'eft repenty de bien faire, & nos cœurs n'ont appris à foûpirer, que depuis le funeste moment qu'ils ont conçû la penfée de faire le mal.

Caïn fut le premier criminel, Caïn fut le premier malheureux, fa jaloufie fit fon effroyable crime, & l'horreur de ce crime fit l'éternité de fon iniquietude. Du moment qu'il perdit fon innocence, il perdit le repos ; il avoit beau fe chercher, il ne fe trouvoit que dans fa confcience, où la memoire de fon peché le tourmentoit continuellement.

Adorable Juftice, dont le bras vengeur & tout-puiffant, fe fait d'autant plus redouter qu'il fe rend invifible. On a-beau reffentir fa pefanteur, les yeux le cherchent inutilement, auffi-bien que le re-

mede de sa bleſſure , ſi le repentir
ne nous en donne la gueriſon.

Il ne faut point chercher d'autre repos icy-bas , que celuy qui
ſe tire de la laſſitude ; mais comme il regarde le corps , il faut
trouver celuy de l'eſprit pour
n'être plus inquieté. C'eſt ce repos que le monde ne peut donner:
quelle foibleſſe de le deſirer ſeulement ! c'eſt s'inquieter de nouveau
que de le prendre ; la penſée prouve
la foibleſſe de celui qui la conçoit.

Ceux qui ſe mettent en peine
de chercher le Paradis Terreſtre ,
trouvent l'Enfer qu'ils ne cherchent pas , par la peine qui leur en
demeure aprés avoir perdu leur
temps : il en eſt de même de
ceux qui cherchent le repos en ce
monde ; comme il ne ſe peut
trouver qu'en Dieu , luy ſeul nous
le peut donner. La volupté a
beau

beau le promettre à ses Partisans ;
comme ils n'en goûtent les plaisirs qu'en courant de même que
les Chasseurs , ils se lassent si fort
à force de courir aprés leurs douceurs imaginaires & trompeuses ,
qu'ils demeurent couverts de confusion & de honte à moitié chemin , & rendent le plus souvent le
dernier soûpir de leur miserable
vie , à un vain regret , ou à un
cruel desespoir.

La Fortune fait esperer le repos
aux ambitieux ; mais tous meurent
avec l'esperance , elle n'en sçauroit donner la possession.

Les Avares le cherchent dans
les richesses ; mais comme le desir d'en acquerir tous les jours de
nouvelles , est le supplice où ils
sont condamnez , la joüissance fait
leur martyre , ils sont toûjours en
queste avec elle du plaisir qu'elle
leur promettoit.

C

C'est une grande foiblesse à
l'Homme de chercher son repos
dans l'assouvissement de ses appe-
tits dereglez, sans considerer sur
la foy d'une preuve sensible, qu'il
s'est trompé en sa créance toutes
les fois qu'il s'est persuadé de les
y trouver. La memoire nous peut
faire raison du doute de cette verité, puisque le passé nous prouve
que le present ne sçauroit nous
donner qu'une tranquilité imaginaire, & ce present défie l'avenir
de faire autrement.

Qui sçauroit démentir tant de
veritez, qui convainquent nos sens
à toute heure ? ils ont beau être
suspects, on ne se défie point d'eux;
les preuves continuelles d'une verité de cette nature, ne permet-
tent pas qu'un esprit qui raisonne
tant soit peu, tombe dans la foiblesse d'en douter.

Vivre en repos dans un lieu où

le repos n'a jamais été, il faut cef-
fer d'être raifonnable, avant que
de commencer à le croire.

Le repos eft imaginaire en ce
Monde, d'où vient que nous ne le
trouvons jamais que dans nôtre
imagination : & comme la juftice
de Dieu nous pourfuit jufques dans
fon Empire, il ne permet pas que
nous joüiffions feulement d'une
tranquilité imaginaire, tandis que
nôtre confcience eft bourelée : le
remords de celle-cy trouble toûjours le repos que nous cherchons
dans l'autre.

Il faut raifonner bien foiblement, fi l'on fe perfuade de trouver la tranquilité hors de la raifon ;
c'eft elle qui nous apprend qu'on
la cherchera toûjours en vain dans
une vie qui fe reproche tous les
jours qu'elle paffe fans profit. Si
l'on ne regarde continuellement
l'Eternité dans le temps, un re-

gret éternel fera nôtre supplice.

REFLEXION MORALE.

NÔTRE repos consiste à bien vivre : Du moment qu'on se relâche
de son devoir , on tombe dans la
confusion & dans le desordre ; & si
l'on ne connoît ny l'un ny l'autre ,
cette méconnoissance est le premier châtiment de nôtre peché.

Tous ceux qui cherchent le repos de la vie hors de son innocence , ne trouvent que le surcroît de
leur inquiétude , par la nouvelle
perte de leur temps , & je m'étonne qu'on se trompe en cela ; l'é-
preuve qu'on en fait tous les jours
rend cette verité sensible.

CHAPITRE III.

Le soin que nous prenons d'acquerir
le repos , nous en fait goûter
par avance les douceurs.

APRE'S la preuve sensible que la bonne vie est toûjours heureuse , il ne tient qu'à nous d'être heureux , puisqu'il ne tient qu'à nous de bien vivre. Est - il rien de plus doux que de travailler à ses propres couronnes ? Ce travail est d'autant plus agréable , que nous en sommes nous-mêmes & l'objet & la fin.

Quel plaisir de chercher sans cesse le moyen d'être toûjours content !

Quel bonheur de trouver l'invention de se mettre à l'abry des coups de la Fortune ! Et quelle

gloire de vivre sans reproche, pour
mourir sans regret. Nous possede-
rons tous ces biens quand nous au-
rons trouvé ce repos que tout le
monde cherche ; & pour y réüssir,
il faut marcher dans les voyes de
la justice , elles seules aboutissent
dans le Ciel , tous les autres chemins ont des issuës funestes ; &
malheur à celuy qui fermant les
yeux du corps à la clarté de l'experience , & ceux de l'esprit à la
lumiere de la raison , prend pour
guide ses passions dans la penible
carriere du temps à l'Eternité ,
puisque son aveuglement doit être
de même durée.

Sur le fondement inébranlable
de ces veritez infaillibles , chacun
dans sa condition doit se frayer
le chemin de la vie , à la lumiere
de son raisonnement , sans avoir
pour guide que le devoir ; que si
le chemin qu'il tient luy paroît

trop penible, qu'il ne laisse pas de marcher, de peur que le temps ne l'entraîne : il faut s'acquitter de bonne grace de ce qu'on doit faire necessairement.

Encore que l'année ait quatre Saisons, & que chaque Saison porte ses fruits, le monde n'en a qu'une où le bien & le mal se voyent toûjours confondus ensemble.

Si l'on est aujourd'huy content, demain une mauvaise nouvelle donnera de l'intervalle à nôtre joye ; mais lorsque nous travaillons nous-mêmes à nôtre felicité, en établissant le repos de l'esprit sur celuy de nôtre vie, les orages & les tempêtes se forment sous nos pieds plûtôt que sur nos têtes, puisque nous sommes élevez dans la region du calme & de la bonace ; & si nos oreilles entendent le bruit du Tonnerre, ce bruit se change en harmonie, en nous difant qu'il ne sçauroit monter plus haut.

Qui veut trouver le contente- ment, doit chercher l'innocence; ceux qui s'éloignent de celle cy, ne possedent jamais l'autre.

Le pecheur est toûjours mal- heureux, parce que son crime fait sa disgrace : il a beau remplir ses coffres d'argent, le repos ne s'achete point : il a beau faire montre de ses grandeurs, elles ne donnent pas la tranquilité ; & de quelque honneur éminent qu'il se pare, le faux éclat qui en rejal- lit sur luy-même, le doit faire rou- gir de confusion : son ame en est toute pleine.

Je veux que le méchant ait quelques beaux jours en sa vie, ce sont des jours d'hyver, qui le menacent de la pluye. Je veux encore que par un effort d'ef- prit, il trouve quelque intervalle en ses douleurs, à la suite de la volupté ; comme ses plus doux plaisirs se font chercher en leur presence, puisqu'ils ont leur dé-goût aussi-bien que leurs appas, jugez de son bonheur par son bonheur même, & c'est en cela qu'on peut connoître la vanité de tous nos plaisirs, si les plus grands naissent & meurent dans l'imagination qui les conçoit ; aprés s'être rendus sensibles un moment, ils ne durent pas davan-tage.

Comme il n'est rien de plus infaillible au monde que la mort, on n'y voit rien de plus veritable que la fausseté de nos delices : la joye qui les accompagne ne fait que passer dans nos sens, & la dou-leur qui les suit s'éternise dans nô-tre memoire.

Les ruës sont pleines de ces vieux pecheurs ; qui aprés s'être

laſſez de courir aprés les plaiſirs,
ne pouvant plus marcher, traînent de ſi mauvaiſe grace les miſerables reſtes de leur vie languiſ-
ſante, qu'ils font autant d'horreur que de pitié : c'eſt le deſtin
de ces Partiſans de la volupté :
mais je trouve étrange que le nombre infini de miſerables qu'elle
fait tous les jours, n'oblige pas
ceux qui la ſuivent encore, de retourner ſur leurs pas pour prendre un meilleur chemin, puiſque
celuy qu'ils tiennent, aboutit à
leur perte.

Certainement cela nous fait bien
connoître que les riches du temps
ne font pas ſouvent reflexion ſur
leur maniere de vivre, ils vivent
toûjours de même.

Quand un homme ſe repreſen-
te que tous les plaiſirs qu'il a goûtez ſont paſſez, que tous ceux
qu'il peut ſentir paſſeront enco-

re, & qu'à la fin de fa vie, il ne
luy reftera que le déplorable fou-
venir d'avoir été, je m'étonne
que ce raifonnement dont l'amour
propre doit être l'objet, ne le
perfuade, ne l'oblige, & ne le
force à changer de vie pour vivre éternellement, il ne vit que
pour mourir d'une mort éternelle.

Ce ne font pas les richeffes
qui nous rendent heureux, c'eft
le bon ufage que nous en faifons.

Ce ne font pas les grandeurs
qui nous mettent en repos, c'eft
le mépris qu'on a pour elles; &
ce ne font point auffi les dignitez
qui font le bonheur de la vie, c'eft
le bien que nous faifons au peuple, en nous acquittant de nôtre
devoir.

La vertu eft préférable à tous
les trefors de la terre, Crefus l'a

confeſſé ſur ſon bucher à l'avantage de Solon.

Celuy qui mépriſe les grandeurs eſt au deſſus du plus grand
du monde ; Diogene dans ſon
Tonneau l'a fait avoüer à Alexandre : & ſur quelque degré
d'honneur que la fortune nous
éleve , Marius ſept fois Conſul ,
marchant en triomphe dans les
ruës de Rome , & mandiant ſa
vie dans celles d'Athenes , nous
fait voir par ſon exemple que toute la gloire du monde n'eſt que
vanité.

C'eſt la vertu qui fait nôtre
richeſſe en faiſant nôtre repos ,
c'eſt elle qui fait nos grandeurs
en faiſant nos felicitez ; & c'eſt
elle encore qui nous comble
d'honneur en nous comblant de
joye : il ſuffit de l'aimer pour la
ſuivre ; c'eſt aſſez de la ſuivre
pour être heureux , puiſqu'en

marchant aprés elle , on ne fouhaite qu'elle-même.

O qu'il y a de plaifir d'en faire l'épreuve ! & afin qu'on n'en
doute pas , il en faut concevoir
le defir feulement, parce que comme ce defir retient quelque chofe
de la douceur de fon objet , il
remplit de tant de joye le cœur
qui le fait naître , qu'il fe forme
en volonté ; & cette volonté déterminée fait le commencement
de nôtre felicité.

La vertu qu'on pratique eft de
la nature du Baume , qui commu-
nique fon odeur auffi-tôt qu'on le
touche.

Il eft impoffible de fouhaiter le bien feulement , fans remplir nôtre ame de ce bien même :
la douceur qui accompagne infé-
parablement ce defir , en eft une
partie.

Il n'appartient qu'à Dieu feul

de recompenser d'un bien infini
la seule volonté de bien faire ,
& de remplir nos cœurs de tant
de joye dés l'inftant que nous
en concevons la penfée feulement , qu'elle feule faffe par a-
vance nôtre felicité en la com-
mençant.

Jamais l'homme ne s'eft mis en
état de faire fon devoir , fans pref-
fentir le bonheur qu'il recevra s'il
s'en acquite.

C'eft l'avantage du Chrêtien
de trouver de la douceur dans les
amertumes , & du plaifir dans les
peines.

Dieu les y a femées en cueillant
les épines dont il a été couronné ,
& en étanchant fa foif dans fon
Calice.

Les peines qu'on fouffre pour
l'amour de Dieu , changent de
nom en changeant de nature ;
nos fentimens de joye démentent

les apparences de nôtre douleur.

Quand une ame n'a pour objet que le bien, le plaiſir qu'elle trouve à le ſuivre toûjours, en le regardant ſans ceſſe, lui rend inſenſibles tous les maux dont le monde la peut affliger. Je veux qu'elle n'ait encore que la volonté de s'attacher à ſa ſuite : comme cette volonté eſt couronnée devant Dieu, il lui en fait goûter les douceurs par avance.

Quel avantage de voir recompenſer nos deſirs de même que nos œuvres ! Le premier moment de nôtre travail, nous fait reſſentir la joye que ſa fin nous doit produire.

Quel bonheur de terminer nôtre carriere, dés l'inſtant que nous ſommes reſolus de la franchir ! comme la reſolution que nous prenons nous fournit la matiere du prix que nous en devons atten-

dre , cette même resolution qui
nous a fait meriter , nous le fait
acquerir avant qu'on nous le donne , par l'esperance sensible de le
posseder infailliblement.

Le bien a cela de propre , qu'il
fleurit dans nos cœurs dés qu'on
l'y a semé ; & ses fleurs l'embau-
ment si fort de leur odeur , que
toute autre luy paroît mauvaise.

On ne sçauroit faire l'épreuve de ces veritez inutilement.
Jamais homme n'a aimé le bien
avec passion , sans passer la vie
avec joye ; son amour en fait
toutes les felicitez : on a beau les
chercher dans les differens objets où nos sens croyent les trouver , ils se trompent à tous momens dans leur créance ; ces felicitez se démentent elles-mêmes,
on doute de leurs douceurs en les
goûtant.

Il n'en est point de veritables que celles qu'on trouve en l'amour du bien ; que si l'on a la foiblesse d'en douter, on n'a qu'à l'aimer un moment, l'amour en sera éternel.

Les preuves qu'on fait des choses qui nous sont avantageuses, ne se doivent pas negliger ; si l'on n'est pas persuadé qu'il y a beaucoup de plaisir à bien faire, qu'on en prenne seulement une forte resolution, elle seule peut détruire nos doutes. C'est en cela qu'un incredule se trouve à la fin convaincu de sa malice volontaire par un aveuglement de même nature, puisqu'aprés avoir fait luy-même son bandeau, il s'en coure les yeux, pour n'être pas obligé à rebousser chemin, voyant que celuy qu'il tient, aboutit à sa perte.

Est-il rien de plus avantageux à

un malade , que l'épreuve d'un remede infaillible ?

Que peut souhaiter un homme
qui s'est égaré de son chemin, que
la rencontre d'un bon guide pour
le redresser ?

Une ame engagée à la suite de
ses mauvaises inclinations, ne sçauroit souhaiter un plus grand bonheur que celui du charitable conseil que je lui donne, de se déterminer dorénavant à suivre le bien,
aprés avoir rempli son esprit de
cette douce pensée , sur la foy sensible d'en recevoir par avance
beaucoup plus de satisfaction qu'il
n'en sçauroit appréhender de peine.

Le bien n'est pas seulement souhaitable de lui-même , par la douceur qui lui est propre , il se rend
encore d'autant plus aimable ,
qu'il nous fait haïr tout ce qui n'est
pas lui : tout consiste à le connoî-

tre ; sa connoissance & son amour
se confendeut ensemble : tous ceux
qui le connoissent , l'aiment ; &
tous ceux qui l'aiment , ne sont
jamais infideles : tous ses Amans
meurent avec leur constance pour
vivre éternellement , puisque lui-
même fait l'éternité de leur nouvelle vie.

Reflexion Morale.

Il n'est rien de plus vray , que
Dieu permet que tout le bien que
nous faisons se rende sensible ,
pour nous récompenser en le faisant ; & par une même bonté toûjours adorable , il nous donne la
memoire, afin qu'aprés l'avoir fait,
le souvenir qui nous en demeure
serve encore de récompense.

Dés lors qu'on s'attache à la
suite de la vertu, le plaisir de la
suivre rend insensible la peine

qu'on y trouve ; & comme on ne
sçauroit l'aimer moderément, la
mesure de nôtre amour, est la mesure de nos delices.

CHAPITRE IV.

Il est impossible de vivre content,
si l'on n'a la conscience
en repos.

ENCORE que nos sens veüillent être convaincus par eux-mêmes, ils ne se rendent pas toûjours à l'experience : & quoique l'esprit soit persuadé par la raison, elle paroît souvent trop foible pour triompher de luy.

Nôtre conscience a beau tenir nos cœurs à la gehenne, pour leur faire confesser les maux qu'ils ont commis, ils aiment mieux paroître insensibles que repentans; & quoique nos ames voyent assez clair dans leur aveuglement, pour faire connoître qu'on s'est

égaré du droit chemin, on ne laisse
pas de marcher toûjours, sans considerer que les voyes qu'on suit
aboutissent à nôtre ruïne.

Dans ce miserable état où le pecheur obstiné se reduit volontairement, par une vie aussi déreglée
que sa conduite, la justice de Dieu
n'est pas moins admirable que sa
misericorde, puisque celle-ci oblige l'autre à le punir d'une inquiétude continuelle, pour luy faire desirer le repos qu'il a perdu.

Il a beau le chercher dans les
compagnies, la plus agréable ne
l'est pas assez pour le divertir ; &
quelque satisfaction qu'il y trouve, si un moment la lui donne,
celuy qui le suit la luy ôte, elle
ne fait que passer. Ses maisons de
plaisance agréent à tout le monde, excepté à luy seul, puisqu'il
voit croître dans ses jardins les
mêmes soucis qu'il a dans l'ame !

& quoi que les fleurs des Oran-
gers , qui en bordent des deux
côtez les allées , enbaument l'air
qui les environne , le vent de ſes
ſoûpirs en diſſipe l'odeur avant
qu'elle vienne juſqu'à luy. Le
doux chant du Roſſignol frappe
ſon oreille ſans la contenter ; &
les fontaines en fuyant toûjours ,
luy perſuadent que ſon ſupplice
ſera éternel , puiſque toutes choſes paſſent comme elles , excepté
ſa douleur. L'amertume qu'il a
dans le ſein , par les épines qu'il
porte dans l'ame , le rend peu ſenſible aux douceurs de ſes feſtins ,
puiſque ſon goût confond enſemble la diverſité des mets dont on
couvre la table , n'ayant pas la
vertu d'en faire la difference. Ses
proſperitez apparentes font mille
envieux ; & ſes miſeres ſenſibles ,
luy font envier la condition des
plus miſerables : chacun admire

sa fortune dans son élevation ; & il fremit d'horreur toutes les fois qu'il pense à ce qu'il a fait pour s'élever si haut. On l'aime , on l'estime ; mais ceux qui l'aiment ne le connoissent pas : pour se trop connoître , il ne sçauroit se trop haïr ; la memoire de ses crimes fait l'objet de sa haine ; & l'estime qu'on a pour luy , justifie le mépris qu'il en fait , puisque le fondement de celuy-ci est aussi solide , que le sujet de l'autre est imaginaire.

Il est fort riche , mais ses richesses sont mal acquises ; il a beaucoup de credit , mais il en fait un mauvais usage : ses enfans possedent aujourd'huy les plus grandes Charges du Royaume, mais il les a achetées du bien d'autruy : il a tout à souhait , mais il ne sçauroit acquerir le repos qu'il desire.

En ce miserable état où il se

voit reduit, il se cherche en sa presence, & ne se trouve pas ; il est
heureux en tout, mais son ame est
dans une inquiétude perpetuelle ;
& c'est en cela que la Justice de
Dieu se rend de nouveau adorable, de se faire ressentir à tous les
cœurs qui ne veulent pas le connoître, en les punissant par des
peines sensibles des crimes que
personne n'a veu.

Il est impossible de separer la
peine du crime ; lors qu'on l'a
commis, on se sent punir sans voir
la main qui nous châtie ; & cette
punition se rend d'autant plus sensible, qu'elle est continuelle. Elle
nous suit par tout, parce que celuy qui nous l'impose remplit tout:
ce qui nous fait bien voir qu'un
Dieu tout-puissant & tout juste,
s'interesse au châtiment de nos
crimes en la maniere de les punir ; on se sent affligé d'une dou-

E

leur inconnuë à la nature , comme
impuiſſante à la ſoulager ; & l'on
ſouffre des maux qui n'ont point
de nom , afin que le remede nous
paroiſſe d'autant plus difficile à
trouver , que nôtre aveuglement
nous ôte la volonté de le chercher.

Il n'eſt point de milieu entre
la bonne & la mauvaiſe vie ; Dieu
n'a que des felicitez & des peines
éternelles à donner : & comme
celles-cy ſe font ſouffrir à la ſuite
du vice , de même que les autres
ſe font connoître dans l'amour
de la vertu , il faut avoir de l'a-
verſion pour ſoi-même , de pré-
ferer un joïe preſente , qui doit
durer toûjours, à des ſupplices de
même nature , qui ne finiront jamais.

Le bien & le mal que nous faiſons ſont toûjours preſens à Dieu
pour les recompenſer ou pour les

punir, d'où vient que l'innocent
joüit du repos que luy même se
donne par la grace qui l'accompagne, & le coupable ressent tous
les maux qu'il a faits, par la peine qui les suit.

Si la vie criminelle est une vie,
c'est une vie de sommeil, l'esprit
qui l'anime n'a point d'autre vertu que celle qu'il tire de l'imagination : & comme la Justice regne toûjours, le criminel porte
en dormant la peine de son crime,
puisque Dieu permet que l'horreur de ses songes, soit tout à la
fois son Tyran, son Boureau, &
son supplice.

Dans quelque funeste assoupis-
sement où le peché nous reduise,
il faut de necessité se separer de
soi-même, pour se rendre insensible à la douleur qui le suit, parce
que l'attache en est beaucoup plus
intime à l'ame, que celle de l'om-

bre avec le corps.

Je ne sçaurois comprendre, s'il
est vray que le bien de la santé soit
préferable à tous les autres biens
du monde, comme on peut souffrir l'inquietude de l'esprit, qui est
une maladie de l'ame la plus insup-
portable qui fut jamais.

On meurt sans mourir à tous
momens d'une maladie d'autant
plus incurable, que la cause nous
en est connuë, puisque la connoissance que nous en avons, nous ôte
par un nouveau châtiment la volonté d'en guerir.

Que c'est une miserable vie,
quand nôtre memoire nous en
reproche tous les jours ! On n'ose
songer au passé, le present nous
étonne, & l'avenir nous fait peur ;
& de même qu'aux damnez, un
instant toûjours present fait nôtre
supplice.

Il faut se rendre necessairement

à la raiſon & à la verité ; il n'eſt
point de plaiſir à l'épreuve d'une
conſcience bourrelée ; l'inquietude de l'eſprit ne ſe balance pas
avec la volupté des ſens , le plus
fort l'emporte ; la ſanté , les richeſſes & les honneurs n'ont point
d'appas pour charmer la douleur
d'un homme noircy de crimes. A
quoy luy ſert la ſanté , ſon cœur
n'en joüit pas ; il ſoûpire inceſſam-
ment tout l'air qu'il reſpire , au
ſouvenir des maux qu'il a faits : les
richeſſes luy ſont inutiles à trouver le repos qu'il a perdu ; & pour
les honneurs dont il eſt comblé ,
comme ils s'adreſſent à ſa qualité
plûtôt qu'à ſa perſonne , il voit ne-
cenſer un Autel dont il eſt la vic-
time. Ce qui nous oblige de con-
feſſer par une raiſon de ſentiment,
plûtôt que de connoiſſance , quoique celle-cy devance toûjours l'autre , qu'il eſt impoſſible de vivre

content , si l'on n'a la conscience
en repos.

Je n'apprehende point qu'on ré-
ponde à cet argument que je fais ;
comme il conclut de luy-même ,
toutes les réponses qu'on y pourroit faire, prouveroient la foiblesse
de ceux qui les feroient.

Tout le monde est persuadé que
celuy qui a créé l'homme a rendu le desir de le trouver si intime
à sa nature , qu'il ne faut pas s'é-
tonner s'il le cherche toûjours ,
sa presence seule a la vertu de le
contenter. On ne sçauroit le rendre present dons nos cœurs , que
par la vie innocente de nos ames :
c'est ce divin Soleil dont la miraculeuse lumiere ne nous fait pas
seulement admirer en elle toutes
les beautez du monde , nous ne
pouvons encore sans elle trouver
rien de beau.

Nôtre imagination si feconde

en moyens de nous contenter ,
devient sterile en penſées d'y
réüſſir , ſi Dieu n'eſt l'objet de tous
enſemble. Je veux que nos deſirs ſoient accomplis , & nos eſperances terminées ; comme tout
ce qu'on deſire & tout ce qu'on
eſpere , ne nous peut rendre heureux qu'un moment , celuy qui
luy ſuccede fait foy de nos inquietudes.

Quel repos peut - on trouver
dans le monde ? Tous ceux qui
l'ont conquis en ont mépriſé la
conquête. Je veux qu'on en goûte tous les plaiſirs , je veux qu'on
en poſſede toutes les felicitez ; &
celles-cy , & ceux-là ſont neceſſairement imaginaires ; tous enſemble ne ſubſiſtent que dans nôtre
imagination.

Le plus grand ſe trouveroit ſi
petit , s'il avoit un compas à meſurer ſa grandeur , qu'il change-

roit bien-tôt de titre ; & le plus
riche fe diroit fi pauve , s'il fça.
voit connoître la nature de fes richeffes, qu'il mépriferoit les plaifirs de leur poffeffion , aprés avoir
regretté le temps qu'il a donné à
leur conquête.

Quand nôtre induftrie travaille feule à nôtre repos , on ne voit
jamais la fin de fon ouvrage : Comme cette ouvriere demeure éternellement en apprentiffage , & que
la matiere qu'elle met en œuvre
ne vaut pas la façon , fon travail
inutile fait voir également & la vanité de nos defirs , & la vanité de
nos efperances.

Il faut que nôtre confcience
nous ferve de Bouffole dans cette
mer du monde, pour connoître le
danger qu'on peut encourir , & le
port qu'on y doit trouver.

C'eft nôtre confcience qui nous
avertit de l'orage , par fon bour-

relement , de même que du calme
par son repos ; & à moins que de la
consulter à toute heure , nous ne
sçaurions jamais connoître l'état
de nôtre vie.

Je ne sçaurois excuser l'erreur
des esprits curieux qui consultent
les astres , pour apprendre d'eux
& les felicitez & les disgraces de
leur destinée. Nôtre conscience
nous peut enseigner beaucoup plus
qu'eux : comme elle seule fait tout
nôtre repos , ou toute nôtre inquiétude , & que de l'un & de l'autre procedent tous nos biens &
tous nos maux , il suffit de consulter
ces Oracles , d'autant plus infaillibles , que nos sentimens en sont les
interpretes.

L'avantage qui nous en demeure , c'est qu'elle ne ment jamais ,
& qu'on ne sçauroit encore la démentir ; nos sens sont ses témoins,
dont le témoignage est irrepro-

chable. Qui peut se défendre de
ses censures ? Nôtre memoire nous
represente les crimes dont nous
sommes accusez ; & la peine qui
nous en est imposée, nous persuade par nôtre conviction même.

Chacun jouït du repos qu'il se
donne, il n'en doit pas esperer
d'autre ; & toutes les fois qu'il le
cherchera hors de soy, il ne le
trouvera jamais.

Le sage Chrêtien n'est pas en
cette peine ; comme il travaille
continuellement à sa felicité, il
jouït par avance des fruits de son
travail, en se couronnant luy-même dans le temps, en attendant
que l'éternité fasse sa derniere
couronne.

REFLEXION MORALE.

L'on ne sçauroit douter que
pour vivre content, il faut avoir

la conscience en repos , & ceux
qui soûtiennent le contraire sont
démentis par leurs propres sentimens. Il faut de necessité qu'ils
confessent au triste souvenir de
leurs plaisirs passez , que la peine
qui les suit, n'a rien de compara-
ble à la douceur qui les accompa-
gnoit, puisque celle-cy ne subsiste
plus que dans l'imagination , & que
l'autre se fait sentir au fond des
entrailles.

La bonne vie est le premier fondement de sa tranquilité ; & c'est
une maxime d'autant plus infaillible, qu'elle persuade tout à la fois
& l'esprit & les sens.

La santé , la jeunesse , le bien
& la faveur , ne sçauroient persuader à un homme qu'il est heureux , si la conscience ne luy sug-
gere.

On a beau porter la joye sur le
visage , il faut faire de grands ef-

forts pour cacher long-temps une
douleur continuelle , puiſqu'elle
ſe rend d'autant plus grande qu'elle eſt muette.

Quoique l'apparent reſſemble au
vray , la verité ne change point de
nature, elle eſt toûjours immuable;
& comme le nom de criminel , &
celuy de malheureux , ſe confondent enſemble , on ne ſçauroit ſe-
parer le malheur du crime ; ce
qui nous contraint d'avoüer que
le ſolide repos & la vraye felicité
ne ſe peuvent trouver que dans
une vie innocente, puiſque la Phi-
loſophie Chrétienne nous apprend , que les ſeules fautes que
nous faiſons , ſont les ſeuls malheurs qui nous peuvent arriver.

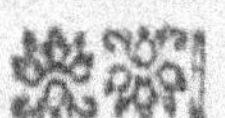

re
le
el.

[illegible]
[illegible]
bl
[illegible]
on
[illegible]
c
que
nte
ns
hi-
ap
que
ial
er

el.

CHAPITRE V.

*Il faut vouloir ce que Dieu veut
pour vivre en repos.*

CE n'est pas assez de vouloir
ce que Dieu veut, parce qu'il
le faut, la soûmission doit devancer cette necessité; on ne sçauroit
subir avec assez de respect les
loix qu'il nous impose ; que si
elles nous paroissent rigoureuses,
l'obéïssance en adoucit la rigueur,
& la raison en ôte tout-à-fait l'a-
mertume.

Comme l'amour fait changer
de visage aux choses les plus desa-
gréables, il faut regarder avec ses
yeux les ordres souverains qui nous
sont donnez, afin de balancer la sa-

tisfaction de les suivre , à l'honneur de les recevoir.

Le plus grand respect qu'on peut rendre à Dieu , c'est celuy d'une continuelle soûmission à ses volontez adorables , sans raisonner que pour obéïr. Le sacrifice d'une ame soûmise à ses decrets éternels, est le plus beau qu'on luy sçauroit faire.

Comme la verité de nôtre être se confond avec la verité du néant qui l'a devancé , ce caractere de Creature nous impose une loy d'obéïssance , que la justice a gravé de ses propres mains dans nos entrailles , afin qu'on n'en perde jamais le souvenir. C'est cette obéïssance aveugle qui peut faire ici-bas & nôtre repos & nôtre felicité.

Il n'est point de Juge qui ne voulût que ses Sentences fussent ns appel ; n'est-il pas juste que les ordres de la Providence ſoient inviolables ?

L'autorité d'un Dieu ſur ſes Creatures, eſt bien differente de celle d'un Roy ſur ſes Sujets : Que ſi la raiſon approuve l'autorité abſoluë de ceux-cy , jugez ſi la nature ne doit pas juſtifier la puiſſance indépendante de ſon Createur.

Mais il faut toûjours raiſonner en cela avec l'amour, afin de conſiderer par luy-même la juſtice de nôtre devoir. Un cœur rempli de Dieu, oublie le langage des plaintes , pour parler toûjours celuy des remerciemens; & quoiqu'il ſoûpire ſans ceſſe, tous ſes ſoûpirs ſont de joye , au ſouvenir des faveurs dont il eſt comblé , ou de regret en la penſée des offenſes qu'il a commiſes.

Comme tout ce qui arrive ſur la terre eſt concerté dans le Ciel,

on doit prendre de sa part d'une
même main , & avec un même
visage , les felicitez & les disgraces , aprés avoir consideré dans
celles-cy pour nôtre soulagement,
que nos crimes les ont devancez ;
& dans les autres pour nôtre instruction , que ce sont des graces
qni ne changent jamais de nature , puisque nous ne sçaurions jamais les meriter.

Que peut-on appréhender dans
le monde sous la protection de
celuy qui l'a créé ? Redoute-t-on
la Fortune ? sa Providence en fait
mouvoir la rouë : Craint-on la
pauvreté ? tous les Tresors sont
dans ses mains : De se plaindre
de l'exil , il est present en tous
lieux : D'être trop sensible aux
douleurs , il a fait le premier es-
say de leur amertume ; & quand
la mort nous paroît effroyable ,
on oublie qu'il a voulu subir les
loix

loix qu'il en a imposées. Je ne m'étonne pas si l'amour est par tout victorieux, il suffit de sçavoir aimer pour triompher de toutes choses.

Que Job me paroist admirable, lors qu'accablé sous le pesant fardeau de ses afflictions, il fait éclater jusques dans les enfers, le bruit de ces divines paroles : *La volonté de Dieu soit faite.*

Le Messager qui porte la funeste nouvelle, que tous ses enfans ont été ensevelis sous les ruïnes d'une maison, est beaucoup plus étonné que luy.

On l'informe encore de la perte de tous ses troupeaux en presence de sa femme ; & pour un surcroist d'affliction, elle luy persuade le desespoir, au lieu de loüer sa patience ; mais contre ces nouveaux efforts, son cœur,

F

comme un rocher au milieu des flots , s'affermit sur luy-même , & son ame qui n'a que Dieu seul pour objet , le regarde incessamment.

Il prend plaisir à voir son corps tout couvert d'une ulcere qui ronge ses os , aprés avoir devoré sa chair , parce que comme il sçait qu'il faut être semé en pourriture pour ressusciter en gloire , il tire sa consolation du mal même qui l'afflige , & n'ouvre la bouche que pour faire entendre ces divines paroles : *La volonté de Dieu soit faite.*

Il faut que nos cœurs soient les échos de ces charmantes paroles, puisqu'elles ont la vertu de charmer leurs ennuis.

Quel plaisir de pouvoir changer en douceur , l'amertume de nos peines, en tenant nôtre partie dans le concert que cet illu-

.tre Patient fait à son Maiſtre ! il donne des éloges à ſa juſtice, ſans connoître ſes crimes, ſa conſcience ne les luy reproche pas.

Je m'imagine, que comme le malheur où il ſe trouvoit reduit, étoit une glace de miroir qui ne flattoit point, dans laquelle il voyoit la verité de ſes miſeres, qu'il devint amoureux de lui-même, en s'y mirant, puiſqu'il ſe rendoit d'autant plus agréable à Dieu, qu'il s'anéantiſſoit devant luy.

O le merveilleux ſpectacle ! Tous les Demons étoient ſes Tyrans, & tous les Anges ſes Admirateurs. La Terre étoit le theatre de ſon ſupplice, & le Ciel le témoin de ſa gloire. Tout le monde le regardoit pour l'affli-ger en le mépriſant, & il ne regar-doit que Dieu ſeul, pour ſe con-

foler en le loüant : La nature a
beau arracher quelques plaintes
de fa bouche, fon cœur dément
tout ce qu'elle dit, & ne foûpi-
re que de joye au plus fort de fes
douleurs.

C'eft de la forte qu'une ame
vrayement Chrétienne, porte jufques à la mort le pefant fardeau
de fes peines fans murmurer &
fans fe plaindre, regardant toûjours la main qui la punit, plûtôt que les peines qu'elle en-
dure.

Du moment que nous rendons
à Dieu l'empire abfolu qu'il donne à nôtre volonté, en la foûmet-
tant à la fienne, nous fommes d'autant plus heureux, que nous attendons nôtre felicité de luy feul,
puifque nous ne fouhaittons que
luy même.

Quel bonheur de vouloir ce que
Dieu veut, pour être éternelle-

ment heureux !

Quel malheur de suivre nôtre volonté pour nous rendre éternellement miserables !

Quelle gloire de refuser tout icy bas à nos desirs, pour acquerir là-haut le seul bien desirable ! & quelle confusion d'accorder tout en ce monde à nos volontez, pour ressentir en l'autre tous les maux qu'on peut s'imaginer !

Ne mettons plus en dispute nôtre felicité, tirons - en cette conclusion infaillible, que pour trouver le repos de la vie, il faut vouloir ce que Dieu veut. Nous ne sçaurions faire un Sacrifice qui luy soit plus agreable, que celuy de nôtre volonté, en la soûmettant à la sienne ; & comme elle est juste, nous suivons en la suivant, les voyes de la justice.

Tous les desseins que nous faisons pour nous rendre heureux,

font inutiles , fi nous n'en offrons
les premieres penfées à Dieu , puifque fa volonté feule en doit rendre le fuccés , ou favorable , ou
malheureux ; & quand nous la
regardons en toutes chofes comme nôtre fin , aprés avoir été
nôtre premier objet , nous n'avons
rien à craindre , ni du temps ,
ni de la fortune : nos biens & nos
maux font entre les mains de celuy dònt elle releve ; c'eft luy-
même qui nous enfeigne à le glo-
rifier en l'accompliffement de fes
volontez , foit dans le Ciel , foit
fur la terre ; & nous ne fçau-
rions en cela luy témoigner nôtre
zele , que par la foûmiffion de
nos cœurs à fes ordres fouverains;
c'eft la penfée de Tertullien , que
ceux que veulent ce que Dieu
veut , fe rendent maîtres du
temps , & de la fortune ; celle cy
ne les fçauroit furprendre , ni

l'autre l'affliger.

L'homme a beau raisonner dans ses volontez, elles sont aussi changeantes que son cœur : ses desirs inutilement rassasiez du present, puisqu'il méprise tout ce qu'il possede, courent aprés l'avenir, en souhaittant tous les jours des faveurs nouvelles ; & à mesure que la fortune les luy donne, le dégoût luy en vient, la nature les confond avec la jouïssance de toutes choses.

C'est ce qui nous apprend de regarder en Dieu tout ce que nous desirons, afin que ce desir renaisse toûjours dans son objet pour ne mourir jamais.

Tous les souhaits qui naissent de nous, meurent avec nous, parce que le cœur qui les fait naître, est aussi perissable qu'eux, l'unique moyen d'en changer la nature, c'est de ne desirer jamais

que le bien , comme il fera l'objet
de nos defirs en ce monde , luy-
même fera nôtre recompenfe en
l'autre.

De toutes les graces que Dieu
nous fçauroit faire , je n'en conçois point de plus grande , que
celle de difpofer toûjours nôtre
volonté à fuivre la fienne ; Comme
il n'eft point de repos que celuy
qu'il nous donne , c'eft joüir par
avance du Paradis qu'il nous promet, que de vouloir tout ce qu'il
veut , puifque nos cœurs jettent
des fondemens inébranlables de
leur felicité , fur l'aveugle foûmiffion qu'ils lui rendent.

Comme la volupté n'a pour
objet que le bien , & que Dieu eft
le bien fouverain de nes ames , c'eft
vouloir être heureux de vouloir
tout ce qu'il veut , & nôtre volonté
foi mife , rend nôtre bonheur auffi
durable que fa foûmiffion , puifqu'elle

qu'elle seule en fait la durée , de même que la verité.

Quand on desire tout ce que Dieu veut, on ne veut que luy, puisque sa volonté est de nous donner sa gloire , qui est inseparable de luy-même.

Que peut-on souhaiter aprés Dieu, s'il est toutes choses ? & que sçauroit-on vouloir que ce qu'il veut, si en suivant sa volonté qui se confond avec luy-même , nous nous en rendons éternellement inseparables , pour nous rendre éternellement heureux ?

Si l'on pouvoit comprendre le bonheur de vouloir ce que Dieu veut, on vouëroit d'un vœu inviolable sa volonté à la sienne, puisqu'on goûteroit par avance les felicitez qu'il nous fait esperer.

C'est vivre en Arge , plûtôt qu'en homme , de renoncer à sa propre volonté ici-bas , pour sui-

vre celle qui nous est suggerée
d'enhaut ; & comment peut-on
broncher dans la carriere de la vie,
si l'on regarde toûjours en marchant celui qui éclaire l'Astre même qui nous luit ?

Celui qui sçait vouloir ce que
Dieu veut , par une soûmission
d'esprit , plûtôt que par une raison de necessité , n'ignore rien de
ce qu'on doit apprendre pour se
sauver. Cette seule leçon com·
prend toute la science d'un veritable Chrêtien.

Que nous peut-on enseigner
de plus glorieux , que d'obeïr
aveuglément & sans raisonner ,
à celuy qui nous a donné tout à
la fois , la lumiere & la raison ;
Plus nôtre volonté est absoluë , &
plus sa soûmission à celle de Dieu
rend nôtre bonheur admirable , &
d'autant plus grand encore qu'elle
est juste. Si l'aveuglement de nô-

tre doute noûs oblige d'en tirer des preuves, ne les refusons pas à nôtre esprit, leur infaillibilité nous peut faire trouver nôtre repos en le cherchant.

S'il est vray que les vains desirs de nos cœurs en fassent toute l'inquiétude ; celuy qui veut ce que Dieu veut, a raison de se dire le plus content du monde, il n'a rien à souhaiter.

Quel repos de jetter les fondemens de nôtre bonheur sur la volonté de Dieu, puisqu'elle est immuable ! Et quel contentement de chercher le nôtre en celuy qui le doit rendre éternel, puisque l'éternité en sera la mesure ! L'unique moyen de réüssir encela, c'est de n'ouvrir jamais la bouche que pour redire aprés Dieu, que sa volonté soit faite, & sur la terre, & dans le Ciel.

Quel avantage que nôtre cœur soit l'écho de ces adorables paroles, en faisant éclater leur douce harmonie si loin, que toute la terre en entende le bruit ! Mais pour en tirer une satisfaction aussi utile que glorieuse, il faut que ces mêmes paroles éclatent encore si fort dans nos ames, que toutes leurs puissances en soient éternellement soûmises à celle de leur Createur.

REFLEXION MORALE.

Je ne sçaurois m'imaginer qu'on mette en dispute cette verité, qu'il faut vouloir ce que Dieu veut ; mais je m'étonne, puisque tout le monde en demeure d'accord, qu'on subisse avec contrainte des Loix qu'on ne sçauroit violer.

On ne doit pas regarder la volonté en Dieu comme absoluë eulement, il la faut considerer comme juste, afin que nôtre obéïssance ait pour objet la raison, plûtôt que la necessité.

Est-il rien de plus raisonnable, que d'obéïr aveuglément à celuy qu'on doit aimer sur toutes choses?

Faut-il que la force nous traîne dans le chemin où le devoir nous sert de guide?

Si nous apprenons à aimer, nous sçaurons bien-tôt obéïr ; l'amour & l'obéïssance ne se faussent jamais compagnie,

Quand un cœur est blessé de l'amour de Dieu, l'esprit subit sans murmurer ses volontez adorables, & c'est dans cette seule soûmission que nous pouvons trouver le solide repos.

On ne doit jamais se mettre en peine de sçavoir ce qu'on deviendra, il suffit que Dieu le sçache, nôtre destin est entre ses mains ;

comme nous sommes nez pour
obéïr, il faut vivre & mourir dans
l'obeïssance, si nous voulons que
nôtre vie & nôtre mort soient
également couronnées.

CHAPITRE VI.

*Si nous voulons être heureux, il faut
nous abandonner à la conduite
de la Providence.*

COMME il y a des maximes
dont on ne peut douter, celle que je mets en avant est de cette nature ? Que pour marcher sans
crainte & avec joye dans la penible carriere de la vie, il faut suivre aveuglément les ordres de la
Providence.

Ceux qui regardent Dieu en
leurs prétentions, ne reçoivent jamais de vœux inutiles, leur justice
les fait exaucer ; & s'il est vrai que
la vanité de nos desirs fasse la peine de nos inquiétudes, le même
compas dont on se sert à regler les

paſſions, peu t ſervir de regle à trouver le repos que l'on cherche.

Les plaintes qu'on addreſſe à la
Providence, ne ſont pas moins in-
juſtes qu'inutiles ; & c'eſt tirer vanité de ſon crime, de vouloir qu'elle change ſes decrets immuables
pour nous contenter , & demeurer
conſtans dans nos pernicieux deſſeins pour luy déplaire.

Quel plus grand avantage pour-
rions-nous eſperer en marchant
dans un chemin entouré de précipices , que d'être éclairez par un
flambeau plus éclatant que le Soleil , & d'avoir pour guide celuy-là
même qui marque tous les pas de
ce bel Aſtre ?

Il faut toûjours regarder la Providence aſſiſe ſur le Trône inébranlable du deſtin , où elle exe-
cute ſes ordres , aprés en avoir prononcé les Oracles de toute éternité.

Les sages ne refusent jamais les presens que la necessité leur fait, parce que le refus en seroit inutile ; la raison obéit quand la force commande ; & pour tirer le merite de l'obéïssance, il faut que le cœur l'anime, la maniere d'obéïr en augmente ou diminuë la gloire.

La maniere de porter le fardeau de la vie, le rend ou leger, ou pesant ; & pour n'en être jamais incommodé, il faut que la raison nous éclaire, & que le devoir nous guide.

Que Saint François me ravit, quand d'une voix qui sort des abîmes du néant, où l'humilité le tient ensevely, il fait éclater dans l'air ces divines paroles, ou OBEÏR, ou MOURIR ! Du moment qu'il fut capable de raison, il choisit l'obéïssance pour son partage ; & pour mettre en pratique le vœu qu'il en avoit fait, il ne voulut jamais être

Superieur dans le Convent qu'il fonda , afin qu'en mourant dans l'obéïſſance , elle fît la gloire de ſa mort , aprés avoir été le bonheur de ſa vie.

D'où vient que les plus éclairez cherchent le Paradis du Monde dans les Cloîtres , ſçachant qu'on a de la peine à le trouver ailleurs ; & je ne m'étonne pas s'ils y vivent contens , puiſqu'ils n'ont point de volonté ; comme leur obéïſſance continuelle eſt un continuel Sacrifice , il eſt ſi agréable à Dieu , qu'il les comble à tous momens de ſes graces.

Il faut toûjours ſe preſenter à luy comme des Aveugles qui tendent la main pour ſe laiſſer conduire ; l'on ne va pas loin ſans broncher , quand on s'éclaire ſoy-même , la lumiere des ſens eſt ſi ſombre , que ſi l'on n'a point d'autre flambeau , on court hazard d'une chûte mortelle.

Ceux qui ne souhaitent rien, sont au dessus de toutes choses, & quand on a consacré sa volonté à celle de Dieu, les biens & les maux se confondent ensemble dans nos sentimens ; comme ils nous sont donnez d'une même main, on les doit recevoir d'un même visage : Ce n'est pas qu'ils ne soient toûjours differens, mais la soûmission de nos cœurs leur ôte la liberté d'en faire la difference.

Bienheureux celuy qui met toutes ses esperances en Dieu, parce qu'elles changent de nature en se rendant sensibles : Ce n'est pas proprement esperer, que de se confier en luy, puisqu'on joüit par avance du bien que l'on espere. Il y a tant de plaisir à connoître que nôtre esperance est infaillible, qu'on peut balancer la joye de

cette connoissance , avec la doû-
ceur de la possession.

C'est se défier de la bonté de
Dieu , d'en prévenir les faveurs par
des demandes continuelles : Ne
nous suffit-il pas de sçavoir qu'il
sçait tout ce qui nous est necessaire ? & quand toutes choses vien-
droient à nous manquer , nous ne
manquerions jamais de rien , pourvû que la patience nous demeurât;
le temps la voit toûjours couronnée.

Qu'il y a de contentement à vivre sous la conduite de celuy qui
gouverne toutes choses avec poids
& mesure ! Quel repos, de se re-
poser en luy ! Quelle joye, de n'en
ressentir jamais d'autre que celle
qu'il nous donne ! Et quel bonheur , de le regarder incessamment comme l'objet & la fin de
nôtre derniere felicité ? Que si
l'on doute de sa parole, represen-

tons-nous à nôtre confusion , que
la verité ne donne jamais caution
de ce qu'elle promet.

Que l'Empire est préferable à la
servitude qu'on luy voüe ? quelle
Souveraineté a plus d'appas que
l'obéïssance qu'on luy rend ? Et
quelle plus grande satisfaction
sçauroit-on souhaiter , que celle de
suivre ses ordres , puisqu'en les
suivant on n'a rien à craindre , ny
à esperer ?

Ceux qui se plaignent des maux
qu'ils endurent , ont oublié sans
doute les maux qu'ils ont faits :
leurs disgraces sont des châti-
mens ; & toutes les fois que la
Fortune les afflige , ils doivent
croire que c'est la Justice qui les
punit.

Je veux qu'on voye un Hom-
me de bien affligé , on ne sçait pas
les consolations que Dieu luy donne , & l'on ne sçauroit douter qu'au

même temps qu'il se plaint de ses
douleurs par la foiblesse de la nature, la joye de son ame ne démente
ses plaintes par la force de la grace.

O qu'il fait bon loger à l'enseigne de la Providence : c'est le seul
logement qu'on doit faire icy-
bas, si l'on veut vivre sans inquiétude. C'est une Hôtesse qui donne
à ses Hôtes tout ce qu'ils ont besoin, sans leur demander que la
foi en ses promesses. Ce n'est pas
que chacun ne doive faire son métier, & se servir de son industrie
pour employer les talens que Dieu
luy a donnez : Mais il faut mettre
toûjours sa confiance en cette Mere nourrice du Monde, puisque
d'une action sans relâche, elle
conserve tout ce que la Nature
produit.

Ne faut-il pas avoir l'impudence des Demons, pour luy repro-

cher qu'elle se plaît à ruiner ses propres ouvrages? On doit se détromper une derniere fois, tous les biens que nous avons viennent de sa part ; & quoy que nous les recevions d'une main étrangere, la sienne les luy donne pour nous les donner. N'esperons qu'en elle, si nous voulons confondre l'espoir avec la possession, & n'attendons que d'elle seule ce que nous demandons à la Fortune ; sa rouë n'a d'autre mouvement que celuy qu'elle lui veut donner.

Providence adorable ! Que les voyes secrettes par où tu nous conduis à nôtre fin, sans contraindre nôtre liberté, sont dignes d'admiration, quand tu nous les fais connoître ! Qui peut fermer les yeux à ta douce lumiere, que par une respectueuse crainte d'en être ébloüi ? Comme il suffit de te suivre pour ne s'égarer jamais, il suf-

fit de ſubir les liox que tu nous preſ-
cris pour trouver le repos de la vie,
puiſqu'en cette ſeule obéiſſance
conſiſte nôtre felicité.

C'eſt en vain que nous adreſ-
ſons nos vœux à la Fortune, la
Providence fait tous les Favoris;
& toutes les graces que nous
eſperons d'eux, ne peuvent venir que d'elle ſeule. Nous avons
beau employer nos ſoins à les
ſervir, tous nos ſervices ſont inutiles ſi elle ne les leur rend agreables, puis qu'elle diſpoſe les eſprits, & touche les cœurs, pour
nous les rendre également favo-
rables.

Nous pouvons bien concevoir
des deſſeins, mais il faut conſul-
tes ſes Oracles pour en voir un
heureux ſuccés. Nous pouvons
bien faire le premier deſſein d'un
bâtiment, mais elle y doit mettre
la premiere pierre, ſi nous en vou-

lons

lons voir une heureuse fin : Comme elle nous éclaire avec le Soleil , elle nous doit servir de Guide sur la Terre , pour éviter la chûte , & de Pilote sur la Mer , pour nous garantir des Ecueils.

La Providence regne absolument , il faut connoître sa souveraineté : Elle gouverne tout , on doit relever de sa conduite : Le Monde suit ses ordres , nous sommes enfermez dans son cercle , c'est tout dire pour subir ses Loix ; mais il faut rendre à la raison ce que la necessité nous demande. La Providence nous destine à ce qu'elle veut , c'est assez de connoître son pouvoir pour luy rendre nôtre obéissance ; & pour luy obéir avec joye , on la doit regarder comme Mere dans son commandement absolu. Les Favoris ne sont pas les plus contens ; s'ils

H

ont leurs plaisirs, ils ont leurs inquiétudes ; & comme elles se balancent avec leurs grandeurs, celles-cy nous font connoître la mesure des autres.

On cherche inutilement un solide repos dans une grande fortune : C'est l'homme de bien qui se peut dire heureux en quelque condition où il se trouve , parce qu'il porte sa felicité avec luy ; comme il sçait obéir, li tire de cette science la lumiere qui fait son bonheur, en faisant tous les beaux jours de sa vie.

Puisque la Providence nous fait naître icy bas , elle sçait ce que nous devons devenir , & il suffit qu'elle le sçache pour nous ôter de peine ; changerons-nous l'ordre de sa conduite ? c'est assez qu'on nous ait appris à marcher pour suivre le chemin qu'elle nous montre , sans regarder jamais der-

riere nous, puifque l'avenir feulement nous regarde.

Je m'étonne qu'on foit fi curieux qu'on eſt d'apprendre ſa fon-
tune, elle eſt entre nos mains, de
même que nôtre ſalut ; celle-cy
dépend de nôtre volonté, & l'autre de nôtre conduite. Le Sage
ne s'enquiert jamais de ſon deſtin,
parce qu'il le fait luy-même :
Comme le bien eſt toûjours ſon
objet, & la gloire ſa fin, il regarde continuellement l'un, pour acquerir l'autre ; & dans ce ſentiment, il franchit avec plaiſir ſa
carriere, puiſque tous ſes pas ſont
couronnez.

Ce n'eſt pas à nous à choiſir le
chemin que nous devons tenir
pour terminer nôtre courſe ; il
faut marcher dans celuy qui nous
eſt frayé, ſans confiderer s'il eſt
beau ou mauvais, puiſqu'on ne
ſçauroit s'arrêter, ny retourner

fur fes pas , & dans cette neceffité
de fuivre le Temps qui nous mene ,
quand nôtre devoir le devance en
marchant toûjours le premier , nôtre voyage nous paroît fi agréable,
que nous oublions nôtre âge , fça-
chant qu'on ne vieillit point à la
fuite de la Vertu.

A quoy fert-il de faire le mauvais dans un Vaiffeau dont le vent
enfle les voiles , & de murmurer
contre le Pilote , qui en tenant le
Timon , tient nôtre vie en fes
mains : Il faut fe foumettre à la
raifon , plûtôt qu'à la neceffité ,
pour tirer avantage de nôtre obeïf-
fance. Les Sages méconnoiffent la
force , parce qu'ils previennent
toûjours fes Commandemens ab-
folus.

Que l'illuftre Hôteffe du Prophete Elizée me paroît admirable ! Quoy qu'elle n'ait vaillant
dans une difette publique , qu'une

cueillerée d'huile , & une poignée de farine , elle donne charitablement l'un & l'autre à son Hôte , avec cette confiance que Dieu ne l'abandonnera jamais. Elle ne balance point l'esperance avec la crainte ; celle-cy a beau paroître devant ses yeux , elle ne touche point son cœur, son ame est remplie de l'autre ; d'où vient qu'elle est couronnée en voyant ses vœux exaucez. Le Prophete augmente cette huile & cette farine d'une maniere si miraculeuse , qu'elle n'en verra point la diminution , durant le temps de son besoin.

C'est de la sorte que la Providence agit ; il suffit de croire en cela pour être heureux , & c'est assez d'esperer pour vivre content. C'est-elle qui nous apprend à luy demander tous les jours le pain de nôtre nourriture , afin de tenir nos cœurs enchaînez par ce lien de necessité , sçachant que ceux de l'amour se peuvent rompre. Adorable bonté ! de nous faire acheter d'un desir seulement , tout ce que nous pouvons pretendre d'elle.

Chacun veut être content , il ne faut que s'abandonnet à la Providence de Dieu ; comme c'est le veritable Neptune qui preside souverainement sur cette Mer du Monde , on n'en sçauroit craindre les écueils ; c'est luy qui les a faits. Ceux qui craignent toutes choses , n'ont qu'à le craindre , ils n'apprehenderont plus rien : ceux qui conçoivent de vaines esperances , n'ont qu'à esperer en luy pour les rendre sensibles ; & ceux qui s'égarent en marchant , n'ont qu'à le suivre , ils se remettront dans le bon chemin.

Il est bien honteux à un Chrétien , de demander caution à la

Verité , de ce qu'elle nous promet ,
c'eſt elle qui nous aſſure que tous
ceux qui s'abandonnent à la conduite de ſa Providence ſans regarder jamais derriere eux , verront
toûjours également & la fin de
leurs deſirs , & le ſuccés de leurs
eſperances.

Douter de la Providence , il faut
de neceſſité rabaiſſer ſon eſprit au
deſſous de l'inſtinct des bêtes : elles
adorent à leur façon ſes charita-
bles bontez , puiſqu'elle leur ſert de
Nourrice.

Deſeſperer de la Providence ,
c'eſt renoncer à tous les droits de
la Nature , auſſi-bien qu'à tous ſes
privileges : celuy qu'elle nous a
donné d'emporter l'eſperance dans
le Tombeau , doit neceſſairement
mourir avec nous.

Mépriſer les ſecours de la Providence , il faut ceſſer d'être rai-
ſonnable , pour ſe porter à cette

extremité , comme la derniere de
toutes.

Peut-on tomber dans la foiblesse
de croire , que celuy qui nous a ap-
pellé du néant à l'être , nous abandonne à la mercy du hazard , pour
traîner à la suite des malheureux ,
la vie qu'elle nous a donnée ? La
nature , cette commune Mere de
toutes choses , aura un amour si
grand pour leur conservation ,
qu'on ne sçauroit en concevoir
une plus intime ; & leur souverain
Créateur , par un sentiment de haine beaucoup plus grande encore ,
les exposera aux atteintes & du
temps & de la fortune , pour subir
sans dispense les dures loix de tous
les deux , il faut se dépoüiller du
sens commun , avant que de tomber dans la foiblesse de le croire.

Qu'un homme est heureux ,
quand il a assez de foy pour s'a-
bandonner aveuglément sous la
conduite

conduite de la Providence, sans regarder jamais qu'elle seule en ses
desirs, & qu'elle-même en toutes
ses esperances! Que le pain de sa
nourriture est agréable à son goût,
quand il le reçoit de ses propres
mains, avec un cœur soumis, &
une ame remplie de confiance!
N'esperer qu'en elle, n'est-ce pas
joüir par avance de tout ce qu'on
peut desirer, puisque le succés de
nôtre esperance est infaillible?

Quel homme vivant s'est jamais
repenty de s'être confié à la Providence? & quel homme aussi n'est
pas mort avec ce regret de n'avoir
pas cherché en elle seule toute sa
consolation? Le solide repos de la
vie ne consiste qu'à vivre innocemment sous sa conduite; celuy qui
ne la prend pas pour Guide, s'é-
gare toûjours, & son égarement
aboutit à sa perte.

Il est vray, la foy est un don de

I

Dieu ; mais il ne la refuse jamais à celuy qui la demande : comme c'est le seul bien qui nous peut faire donner celuy qui ne doit jamais finir, ne faut-il pas de necessité avoir de l'aversion de soy-même, pour ne souhaiter pas tous les deux avec passion ?

C'est en vain que l'homme se fait un chemin pour sa conduite ; s'il ne regarde Dieu en marchant, il marchera toûjours en tenebres ; & l'obscurité de ses voyes le reduira à la necessité de broncher, dans l'apprehension continuelle d'une chûte infaillible.

Quand on prend pour Pilote la Providence dans cette Mer orageuse du Monde, c'est se mettre à l'abry des orages & des tempêtes, dont le Vaisseau de la Vie peut être à toute heure accueilly. Que peut-on craindre sous sa protection, si les malheurs mêmes changent de

face à nos yeux, ne pouvant changer de nom, puisqu'elle nous contraint de les mettre au rang de nos
felicitez ?

Comme on ne voit point de malheureux à la suite de la Vertu, on
ne verra jamais de miserables, sous
la conduite de la Providence; celuy
qui s'abandonne sous sa protection,
ne craint point la Fortune. Comment la pourroit-il craindre ? celle-
cy ne tourne sa rouë que par le
mouvement que l'autre luy donne. Un cœur soûmis sous ses loix,
n'en trouve point de severes ; une
ame remplie de ses esperances,
n'en conçoit jamais d'inutiles ; &
les yeux qui la regardent incessamment, marchent comme en plein
jour au milieu des tenebres. Bienheureux celuy qui doute de ces
veritez, pour en faire l'épreuve,
puisqu'aprés l'avoir faite, il n'en
doutera jamais.

I ij

Que l'aveuglement de ces esprits forts est digne de compassion:
Chacun regarde son industrie,
comme un moyen infaillible de
faire réüssir ses desseins, sans considerer que Dieu agit souverainement en toutes choses, comme
dépendantes de son pouvoir absolu.

Quand on ne regarde pas la Providence, comme maîtresse de tous
les évenemens, on les voit dans un
faux jour, & on en juge à la lumiere de la fausse idée qui nous en demeure ; je vous laisse à penser si le
jugement en est approuvé.

Tous les biens & tous les maux
sont répandus sur nos têtes par
les mains de la Providence ; &
ceux qui les reçoivent du hazard,
ne trouveront jamais un solide repos, bien qu'ils le cherchent toûjours.

Celuy qui se méfie de la Provi-

dence, dérobe à Dieu, de volonté
& de pensée, la gloire qui luy est
propre. Comme la Foy seule nous
rend Chrêtiens, celle que nous
avons en sa bonté, nous rend dignes de ses graces ; & l'on peut
soûtenir en cela, qu'un homme
est heureux à proportion de sa confiance.

Toute la Morale, & toute la
Politique Chrêtienne, consiste à
regarder Dieu dans tous nos desseins, pour en voir un succés favorable ; & quand cette maxime
ne fait pas la nôtre, nous nous
rendons indignes de compassion,
puisque nôtre foiblesse est volontaire.

Celuy qui s'abandonne aveuglément sous la conduite de la
Providence, se met à l'abri de tous
les malheurs qui luy peuvent arriver, puisque les malheurs mêmes qui luy arrivent changent de

nom , en se rendant insensibles.

REFLEXION MORALE.

LA soûmission aux ordres souverains de la Providence , fait la felicité de la vie ; il faut attendre tout de sa main , & recevoir tout d'elle-même , si l'on veut toûjours être content : C'est le moyen de confondre ensemble & les biens & les maux qui nous arrivent , puisque les uns & les autres viennent de sa part ; & quand l'esprit est éclairé de cette verité beaucoup plus sensible qu'apparente , on joüit du repos qu'on desiroit autrefois, n'ayant plus rien à souhaiter que la continuation de nôtre bonne fortune.

Le sage Chrêtien doit employer si heureusement tous les momens de sa vie , qu'il n'apprehende point l'arrivée du dernier , parce que comme il marche dans les voyes de la Justice, sous la conduite de la Providence, il luy est indifferent en quel âge il termine sa course. C'est la seule maniere de vivre qui ne craint point la mort, & c'est cette seule crainte qui trouble le repos apparent d'une vie délicieuse.

L'on a beau faire des desseins, & mettre en employ toute nôtre prudence pour y réüssir, le succés ne dépend pas d'elle, il doit venir de plus haut ; & quelque lumiere que nôtre esprit nous donne, elle paroît si sombre, quand il s'agit de prévoir l'avenir, que c'est se flatter de s'en promettre de l'avantage.

Nos mesures sont toûjours trop courtes pour venir à nôtre point ; il faut de necessité se servir du Compas de la Providence, puisque ses regles sont infaillibles.

I iiij

J'ay pitié de ces hommes du Monde, quand ils se persuadent de recueillir de la semence de leurs soins, les fruits qu'ils s'en promettent, comme si leur industrie se pouvoit couronner elle - même. Comme tout se meut au branle du premier mobile, nous ne pouvons agir que par le mouvement que la Providence nous donne. Nous avons beau tendre les voiles, le vent qui les enfle doit venir de sa part; & quand le hazard nous feroit arriver au Port, nous y trouverions infailliblement nôtre E-cueil, si nous ne rendions hommage à cette Etoile de Mer, puisque c'est le seul Astre qui a un ascendant souverain sur toutes les choses créées.

CHAPITRE VII.

Nous devons chercher nôtre repos dans la profession où nous sommes appellez, puisqu'on ne sçauroit le trouver ailleurs.

IL est vray, je le dis encore, la grandeur, ou la petitesse du cercle où nous sommes enfermez, ne font pas le repos de la vie ; tout consiste à remplir son étenduë, en regardant son centre, & de ne porter jamais nos pensées au delà, c'est le seul moyen de se contenter.

Si tous ceux qu'on voit en differentes professions sur nos têtes, & sous nos pieds, nous donnoient également, & de l'envie & de la pitié, on nous pourroit mettre au nombre des plus malheureux du

Monde. Il faut que chacun demeure dans la place qui luy est marquée, sans avoir d'autre soin que de la remplir, au lieu de l'occuper.

A quoy sert il de porter nos desirs sur le Trône d'une Puissance Souveraine, si nous sommes nez pour être Sujets ? encore que les souhaits inutiles nous punissent par l'inquiétude qu'ils nous causent, leur vanité est criminelle, & c'est vivre malheureusement, de n'être heureux qu'en esperance.

Lors que l'on est attaché à une profession, il faut se representer que la Providence en a fait les liens, pour nous ôter la pensée de les rompre, & nous donner le soin en même temps d'y faire son devoir, pour trouver son repos, en y cherchant son salut.

Quel plaisir de ne songer jamais

qu'à se satisfaire, en faisant ce qui est juste !

Quel bonheur de travailler sans cesse à sa felicité, en connoissant la cause de nos malheurs ! & quelle tranquillité de conserver celle que la raison nous donne, en nous faisant remplir avec joye le petit espace où nôtre destin nous tient enfermez.

Nous devons regarder avec admiration tout ce qui est élevé au-dessus de nous, puisque Dieu l'a ordonné de la sorte ; & tout ce qui est au-dessous, nous doit remplir de joye, puisqu'on se trouve dans un milieu qui peut servir de fondement à nôtre repos.

N'est-ce pas un heureux destin, de n'être ni riche ni pauvre, & de se voir dans un état, d'où l'on peut regarder les grandeurs sans envie, & les miseres sans crainte ?

Que les Grands marchent en

triomphe dans leur carriere, il suffit de franchir la nôtre heureusement : que chacun parle d'eux au
bruit de la gloire qui les environne, celuy qui marche en silence
sera couronné, l'honneur du monde y demeure ensevely : Il vaut
mieux en mépriser les Trésors,
qu'en avoir la joüissance.

La profession où Dieu nous
appelle, est un Métier qu'il faut
exercer, aprés en avoir fait l'ap-
prentissage ; & comme la Justice
seule nous peut instruire, on n'a
qu'à marcher dans ses voyes pour
y réussir.

Tout passe, je l'avoüe ; mais la
satisfaction de faire son devoir nous
demeure : tout s'enfuit, je le con-
fesse ? mais le contentement de
vieillir à la suite de la Vertu, nous
suit au delà du Tombeau.

Combien de fois ay je souhaité
des biens apparens, dont la pos-

feſſion m'auroit rendu malheureux par des diſgraces inconnuës
qui l'accompagnoient inſéparable-
ment ? Tout ce qu'on deſire hors
de Dieu, ne peut réüſſir qu'à nôtre dommage ; & quand le ſuccés
en ſeroit aujourd'huy favorable ,
il changeroit demain de face , à
nôtre confuſion.

Les Sages regardent l'inconſtan-
ce du temps avec leur fermeté ordinaire ; & ſans meſurer leur force à la peſanteur de leur fardeau ,
ils le portent avec d'autant plus de
courage , qu'ils ont peu de chemin
à faire aprés être perſuadez que
celuy qui le leur a mis ſur les épaules , ne permettra pas qu'ils en
ſoient accablez.

Chacun peut établir ſon repos
dans la profeſſion où il ſe trouve ,
à la ſeule lumiere de la raiſon , elle
luy montre le chemin qu'il doit tenir pour vivre content.

Comme la paix de l'ame fait le bonheur de la vie, il ne doit souhaiter que ce qui est juste, ni esperer que ce qui est necessaire, afin de joüir de la tranquillité que la justice de sa prétention, & le bien de son attente, luy peuvent donner.

Ce n'est pas assez de vivre, il faut goûter le plaisir de la vie, & l'on n'en trouvera jamais de veritable, que celuy de remplir la place que nous occupons; le vuide qu'on y laisse, fait toutes les inquiétudes que nous ressentons.

Il ne faut jamais élever son ambition sous un degré où l'on ne peut monter que de pensée : laissons l'avenir à la disposition de la Providence, cette souveraineté luy est propre, & demandons-luy la grace de joüir en passant du present, puisque nous ne sçaurions le posseder d'autre sorte, sans

nous inquiéter de sa fuite continuelle, voyant que nous marchons
avec luy d'un même pas.

Les plaintes sont toûjours mé-
séantes à la bouche d'une Créa-
ture, quand elle s'adresse à son
Créateur ; comme le néant d'où sa
main toute-puissante l'a tirée, doit
être continuellement l'objet de ses
pensées, il faut que toutes ses paroles soient de remerciement & de
reconnoissance au souvenir de cette
grace, puisqu'elle ne la sçauroit
jamais meriter.

Est-il rien de plus juste, que de
prendre le temps comme celuy qui
l'a fait nous le donne, si nous vivons de jour à autre sans en avoir
un seul d'assuré ? Toutes les fois
que nous portons nos pensées a-
de là, nous franchissons les limius
qui nous ont été pre scrites ;e
Create ur des siécles reserve l'a b
soluë disposition de leurs momen

à sa Misericorde & à sa Justice ;
qu'importe avec quelle livrée on
franchisse la carriere de la vie , si
les derniers pas en sont couronnez. Le chemin qu'on a fait ne se
compte pour rien ; & comme celuy que nous avons à faire nous
est inconnu , il nous doit être indifferent dans la necessité de marcher toûjours , de nous faire admirer de ceux qui nous suivent ,
& de ceux qui nous accompagnent,
puisque nôtre destinée leur est commune , dans le doute où ils sont ,
ou de leur bonne fortune , ou de
leur malheur.

Quand un homme peut vivre de
son talent , il n'a pas sujet de se
plaindre de la Fortune. Il y a du
contentement à se nourrir des
fruits qu'on a semez , & de culti-
ver la terre qui les porte pour en
faire une nouvelle moisson.

Il suffit que Dieu benisse nôtre
travail ;

travail ; que si le necessaire vient
à nous manquer , la confiance en
Dieu , sans doute nous a manqué
la premiere ; qui met en luy son
esperance , n'espere jamais inutilement.

Encore qu'il y ait autant de divers chemins pour aller à la mort,
qu'on voit de conditions differentes , tous aboutissent au Tombeau ;
& comme les momens de nôtre
respiration sont des momens de
grace , puisqu'on n'en a pas un seul
d'assuré , il nous doit être indifferent de terminer nôtre vie avec
pompe , ou sans éclat ; celuy-cy
n'éblouït que les yeux, l'autre ne
frappe que les oreilles, & l'on perd
le souvenir de tous les deux dans
un instant.

La mesure du bien n'est pas celle
du contentement ; à quelque état
où l'on soit reduit, on est toûjours
heureux quand on a l'esprit en re-

pos ; & le moyen de le trouver , c'eft
de fe contenter du neceffaire , & de
méprifer l'inutile : cette mode.
ration & ce mépris font la vraye
felicité.

Quand le cercle où nous fommes
enfermez eft de trop grande étenduë , la raifon nous peut fervir de
compas pour le reduire , & lorf-
qu'elle feule y travaille , on en doit
efperer un favorable fuccés.

La pompe qui nous fuit ne fait
pas nôtre felicité, c'eft la Vertu
qui nous accompagne ; & comme
en pratiquant celle-cy , l'autre nous
eft permife , nous n'avons plus rien
à fouhaiter.

Il n'eft point de petite condition où l'on ne trouve le repos que
l'on cherche ; & comme chacun
peut réüiffir en ce deffein par fa
bonne vie , plûtôt que par fa grande fortune , celle-cy luy eft inutile,
quand il met l'autre en ufage.

L'homme feroit bien malheureux fi fon contentement dépen-
doit d'autruy ; fon repos & fon falut font également entre fes mains,
ce doit être un ouvrage de fa façon , & du moment qu'il travaille
& à l'un & à l'autre , la bonté de
Dieu eft fi grande , qu'il couronne
fon travail avant qu'il foit achevé ,
par l'efperance fenfible d'en voir
une heureufe fin.

C'eft l'avantage qu'on a de fervir
Dieu : auffi-tôt qu'on luy voüe fes
fervices , il les recompenfe par le
plaifir qu'on en reçoit ; il nous fait
reffentir les douceurs du bien qu'on
efpere , avant que de nous en donner la poffeffion.

Admirables effets de la Vertu :
il eft impoffible de l'aimer & de fe
plaindre. Qu'on ne nous parle
plus des difficultez qu'on trouve
à la fuivre , le plaifir en furpaffe la
peine , l'on oublie celle-cy dés le

moment qu'on reſſent l'autre.

Je ſçai bien que l'ambition n'a
point de limites, que chacun ſe
ſe fait un degré de fortune, où il
monte à tous momens de penſée,
ne pouvant y monter en effet ; &
c'eſt en cela que nous ſommes ingenieux à nous affliger nous-mêmes, de porter toûjours nôtre vûë
au deſſus de nôtre pouvoir.

On a beau ſe perſuader, en faiſant reflexion ſur nôtre vie paſſée, qu'il n'a tenu qu'à nous d'être
beaucoup plus riches, & beaucoup
plus heureux que nous ne ſommes.

Ce n'eſt pas la ſageſſe du monde qui fait les grands & les heureux ; elle y contribuë ſi peu,
qu'il faut tout attribuer à la Providence ; comme elle nous ſert de
guide dans le chemin que nous
tenons, elle nous conduit à la fin,
& cette fin eſt toûjours heureuſe ;

quand nous suivons ses ordres avec soûmission.

Puisque Dieu nous a destinez avant que de naître, à la profession que nous devons exercer, c'est à nous à luy faire voir nôtre obeïssance, aprés avoir connu sa volonté, sans considerer l'employ qu'il nous donne : Tout consiste à nous sauver ; & comme nôtre salut est attaché à nos œuvres, plûtôt qu'à nos Dignitez, celles-cy sont inutiles, les autres necessaires, & cette necessité nous doit être d'autant plus agréable, qu'elle a pour objet un bien infiny.

Il n'y a qu'un Paradis à donner, il n'y a qu'un Paradis à prétendre, c'est un bien commun à tous, c'est une recompense destinée à tout le monde ; & pour l'emporter, c'est assez d'être homme de bien, cette qualité est préferable à toutes celles que la Fortune nous peut faire acquerir.

Ce n'est pas qu'il n'y ait divers chemins de la vie à la mort ; mais comme tous aboutissent au Tombeau, c'est-là où les riches & les pauvres se confondent ensemble ; c'est-là où les cendres d'Alexandre & celles de Diogene ressemblent si fort les unes aux autres, qu'on n'y sçauroit mettre aucune difference.

Alexandre a paru comme un eclair, a fait du bruit comme la foudre, mais il s'est dissipé comme un orage, & a passé comme un torrent sans nous rien laisser que de la bouë ; & Diogene aprés avoir renfermé son ambition dans le même Tonneau qui lui servoit de demeure, a fait confesser aux plus grands du monde, qu'il y a plus de contentement à le méprifer qu'à le conquerir.

Il faut toûjours être perſuadé que la place que nous occupons eſt la meilleure de toutes; que ſi elle nous paroiſt trop petite, elle s'a-grandit à meſure que nous nous rabaiſſerons, l'humilité ne tient pas beaucoup d'eſpace. Ce n'eſt pas à nous de marquer nos rangs ici-bas, la Providence nous les donne, & le dernier eſt auſſi honorable que le premier, quand on le garde avec ſoûmiſſion, puiſqu'elle fait toute nôtre gloire.

Que c'eſt être heureux, en quelque état où l'on ſe trouve, de ſubir avec reſpect les loix de celuy qui nous y reduit ! Qu'on n'apprehende pas de ſuccomber ſous la peſanteur du fardeau, il connoît nos forces ; & qu'on ne s'imagine point qu'il ferme l'o-reille à nos prieres, il donne au-diance à tout le monde. Soyons muets dans nos douleurs, ne perdons jamais l'esperance dans nos miseres ; c'est le moyen de triom-pher & des uns & des autres dans nôtre foiblesse.

Nous sommes à la disposition de la Providence , comme des jettons dans les mains du Banquier ; il les fait valoir autant qu'il luy plaît : Elle nous éleve ou nous abaisse comme elle veut ; il suffit que nous soyons le sujet de son employ , luy-même y donne le prix.

Encore que personne ne nous regarde en marchant dans nôtre carriere à la suite de la Vertu , tout le monde nous admire quand nous sommes au bout , parce qu'el-le nous couronne ; & la reputation que nous laissons , nous fait rendre la gloire qu'on nous avoit déro-bée.

On oublie toûjours , quand nous mourons , le prix de la livrée que

nous

nous avons portée durant la vie,
on regarde seulement celle dont
on se dépoüille, parce que la maniere de la quitter en fait la valeur.

Quand nous avons fait nos premiers adieux au monde, en rompant les plus fortes attaches qu'on
y peut avoir, les derniers nous
coûtent fort peu ; & quand nous
confondons les uns avec les autres, en l'abandonnant tout à fait,
avant qu'on s'en separe, cet heureux moment est celuy-là même
de nôtre felicité : on commence
d'être heureux du moment qu'on
vit de la sorte.

Je ne méprise point la condition
d'un Jardinier, quand se voyant
enfermé dans le petit cercle de
son Jardin, il en cultive les fleurs
& les plantes, pour passer à cet
employ la journée de sa vie. Il sçait
bien qu'elle-même est une fleur
qui se flétrit au hale du temps ,

L

comme les autres au hale du Soleil , & je ne l'estime pas malheureux ; si les Soucis de son Jardin
ne croissent point dans son ame :
comme exempte d'ambition , la
mesure de son repos n'est pas de
la mesure de sa fortune , il peut ê-
tre fort heureux dans son petit
employ.

Tous ceux qui en desirent de
grands , ne sçavent pas s'ils leur
sont necessaires , & c'est en quoy
consiste la science du Chrêtien ; il
doit apprendre à connoître ce qui
lui est utile pour son salut, tout le
reste est imaginaire.

Je ne sçaurois comprendre la foiblesse de ceux qui donnent tout le
temps de leur vie aux soins de faire fortune en ce monde, comme si
quelqu'un depuis le premier instant de sa création , l'y avoit jamais faite. On peut bien s'y agran-
dir ; mais cette grandeur n'agran-

dit par nêtre mesure, nous demeurons toûjours dans nôtre premiere petitesse.

Je veux qu'on s'éleve dans les Dignitez , la plus éminente ne nous sçauroit faire changer de visage, on nous connoît au caractere de nôtre condition.

L'homme est toûjours luy-même, il a beau se déguiser à ses propres yeux , le temps les luy désille bien-tôt , il ne sçauroit se méconnoître.

Le meilleur est pour lui, de se définir , si ses miseres ne le devancent , & de se marquer de bonne heure une place pour la remplir ; je dis pour la remplir, le vuide qu'on y voit se trouve dans sa tête, celuy-là fait foy de celuy cy.

Tous ceux qui changent souvent de condition , auront de la peine d'en trouver une qui leur convienne ; mais tout consiste à l'exercer en Chrêtien.

Quand on ne s'acquite pas de son devoir, on fait le contraire de ce qu'il faut faire, & c'eſt travailler à ſa ruïne ; la terre que nous cultivons nous demeure pour recompenſe, aprés nous avoir ſervi de Tombeau.

Le choix de nôtre condition fait le fondement de nôtre repos, & tout le temps que nôtre eſprit employe à ſe déterminer, eſt un temps de trouble & d'inquiétude, comme venant de nous-mêmes, ſans avoir un gîte aſſûré.

Ces eſprits indécis qui vivent en ſuſpens, je veux dire ſans faire reflexion ſur leur maniere de vivre, meurent de même ; jugez par la nature de cette mort, la nature du malheur qui l'accompagne.

On ne trouve jamais le repos en marchant, il faut s'arrêter pour en joüir, & pour s'arrêter il faut

se donner une place, & aprés se
l'être donnée on la doit remplir,
comme j'ai dit, au lieu de l'occuper, afin que la tranquillité que
nous y trouverons par nôtre industrie, nous suive au-delà du Tombeau.

Tout le repos qu'on goûte en ce
Monde, n'est qu'un repos d'intervalle, il ne dure qu'un moment,
il faut travailler à l'établissement
de celuy qui ne releve point du
Temps.

Un bien qui n'en porte que le
nom, me déplaît ; quelque agréable qu'il puisse être, il ne sçauroit
remplir mon cœur s'il ne dure toûjours, puisque toûjours il soûpire
aprés un bien qui soit éternellement durable.

D'où vient qu'à tous momens la
charmante harmonie de ces divines paroles raisonne à mes oreilles,
Je seray rassasié, Sei-

GNEUR, QUAND TA GLOIRE
SE FERA VOIR A MES YEUX,
Tout ce qui n'eſt pas elle, me paroît effroyable, je n'en ſçaurois
ſouffrir la vûë que par neceſſité.

REELEXION MORALE.

Lorſqu'on eſt attaché à une profeſſion de ſon choix, il en faut de-
meurer-là, ſans porter ſes deſirs ni
plus haut, ni plus loin, ſi l'on veut
joüir de ce veritable repos que tout
le monde deſire.

Ne raiſonnons jamais avec nôtre
deſtin, rempliſſons la place qu'il
nous a donnée, & ſuivons ſans
murmurer le chemin par où il nous
conduit ; ceux qui ne prétendent
de la terre que le petit eſpace de
leur tombeau, ſe ſoucient fort peu
par où ils y arrivent.

Quelque longue que ſoit la vie,
le voyage du berceau à la ſepultu-

re eſt de ſi courte durée , qu'ils ne penſent qu'à le terminer heureuſement , ſans conſiderer le rems qu'il fait , puiſque chaque inſtant peut être différent l'un de l'autre.

Ne regardons jamais le paſſé pour nous reprocher nôtre mauvaiſe conduite dans les occaſions de faire fortune ; la Prudence auroit été inutile en leur rencontre , puiſque la Providence diſpoſoit ſouverainement de tous les heureux momens dont nous avions beſoin pour y réüſſir.

C'eſt en vain qu'on ſe reproche ſon malheur, le Ciel l'avoit ordonné de la ſorte , & ſes decrets abſolus nous doivent ſervir de conſolation.

Que ceux qui marchoient hier aprés nous , nous devancent aujourd'hui , nous les devancerons encore toutes les fois que nous donnerons des limites à nôtre am-

bition ; elle seule fait nôtre inquiétude.

Quand on s'affermit dans la condition qui nous est échûë en partage , on vieillit sans regret , & l'on
meurt avec joye : Comme la Fortune est une Comete qui paroît sur
les beaux Horisons ; il est toûjours
à craindre de quelque côté qu'on
la regarde.

CHAPITRE VIII.

*Nous devons prendre le temps com-
me il vient, par raison plûtôt que
par necessité, afin d'adoucir les
rigueurs de celle-cy par la force
de l'autre.*

JE sçai bien que tout le Monde
prend le temps comme il vient;
mais les Sages le prennent comme
ils doivent, regardant toûjours
avec soûmission les ordres souverains de celuy qui dispose de toutes
ses heures.

Tout ce qui est créé est dans une
si grande dépendance de son Createur, qu'on ne peut rien concevoir
au-delà. Et c'est sur cette verité
éternelle qu'une ame toûjours a-
baissée dans son devoir, ne pense

jamais qu'à s'en acquiter ; le plaisir qu'elle y prend se confond avec la raison qui l'y oblige.

Comme la Providence sert de guide au Soleil dans tous les pas de sa course, tous les nouveaux jours qu'il nous donne, sont de nouveaux presens qu'elle nous fait ; & c'est être ingrat de se servir de leur lumiere pour nous faire traîner dans le chemin qu'elle nous a frayé, en subissant ses loix avec contrainte.

Tout le monde se plaint du temps, & ses précieux momens font toutes nos richesses, puisqu'ils nous sont donnez pour acquerir celles de l'Eternité.

Une vie égale trouve chaque saison de même ; qui vit bien en tout temps, n'apprehende point l'inconstance du temps ; & comme le repos de la conscience fait tous les beaux jours de la vie, on

ne fe peut dire heureux , fi nou
ne tirons d'elle feule nôtre tranquillité.

Encore que le bon & le mauvais
temps foient contraires , ils fe confondent enfemble aux yeux d'une
ame vrayement Chrétienne ; comme elle eft immuable dans la re-
folution de les regarder d'un même vifage , l'habitude de fa con-
ftance luy donne de nouvelles forces pour être infenfible à tous les
deux.

Nos cœurs ont beau refpirer fans
ceffe un air toûjours changeant ,
nôtre volonté ne releve que d'elle-
même , & elle eft d'autant plus ab-
foluë , qu'elle paroît foûmife à celle de Dieu.

Celui qui nous a créé dans le
temps , nous le donne tel qu'il luy
plaît , & il le faut prendre tel qu'il
veut , afin que fon ufage nous
foit utile , puifque nôtre falut dé-

pend du bon employ que nous
en faisons. Quand on vit sans y
penser , on meurt de même ; &
ceux qui tiennent compte des heures de leur vie , ne font point ef-
frayez quand la derniere sonne ,
parce qu'ils sont toûjours en état
de partir.

Du moment que nous som-
mes entrez dans la carriere de la
vie , ce n'est plus à nous de nous
enquerir quel temps il fera durant
nôtre course , il suffit que la Providence en ait prononcé ce qui en
doit être ; nos priéres , ny nos
plaintes ne changeront point ses
Decrets.

Quand la crainte de l'avenir
nous rend le present desagréable ,
le mauvais usage de celuy-cy nous
fait craindre l'autre.

Celuy qui vit aujourd'huy dans
son devoir , n'appréhende point

qu'on luy fasse demain des repro-
ches.

Le sage Chrêtien suit le Temps
sans dépendre de luy , parce que
toutes ses actions regardent l'E-
ternité ; & comme en cette vûë
son cœur demeure aussi immuable
que son objet , il se laisse emporter à la necessité , sans ressentir sa
violence , puisqu'en la prévenant
d'une obéïssance volontaire , il
trouve beaucoup plus de plaisir
que de peine dans sa soûmission.

Encore que nous ne soyons pas
maîtres de nôtre imagination ,
& que ce soit elle qui fasse nos
déplaisirs secrets , aussi-bien que
nos joyes publiques , un esprit
éclairé des seules lumieres de la
Vertu , ne prend jamais l'apparent
pour le veritable : Il cherche son
repos dans ses sentimens plûtôt
que dans ses pensées , sçachant

par experience que son cœur n'est
jamais trompé en la connoissance
de la tranquillité qui luy manque.

Le solide repos est si different
de l'imaginaire , qu'on ne peut
prendre l'un pour l'autre : comme
l'ame se donne la joye qu'elle
sent , elle ne sçauroit méconnoître un ouvrage où toutes ses puissances ont travaillé sans relâche ;
& c'est en vain que les plaisirs
des sens ont des charmes pour la
tenter , leur courte durée en
rend la fausseté apparente , les
veritables délices durent toûjours.

C'est fort mal employer le
temps que de se plaindre de luy :
sa vicissitude continuelle nous fait
également prévoir le calme dans
la tempête , & l'orage dans la
bonace ; & c'est rendre inutile sa
raison, de ne s'en servir pas en la

patience des maux qui n'ont point
de remede ; les plaintes d'un esprit
inquieté augmentent son inquiétude , & le silence d'un cœur soûmis , soulage la peine dont il ne
peut guerir.

Quelque longue que soit la douleur , quand la patience est de sa
mesure, les jours de sa durée sont
bien doux à compter ; & pour si
grande que soit la blessure , quand
on sçait d'où elle vient , en voyant
la main qui l'a faite ; c'est raisonner foiblement , de n'en soûpirer pas de joye , plûtôt que de
regret.

Je sçai bien que la Nature parle souvent plus haut que la Raison : mais comme elle propose ,
& que la volonté décide , si nos
pensées par la force de nôtre
imagination se rendent maîtres-
ses de nos sentimens , il suffit que
le cœur qui les conçoit les desa-

voüé , pour tirer son repos de
l'inquiétude même dont il est a-
gité.

C'est être bien malheureux de
ne sçavoir ny vivre ny mourir ! La
vie nous inquiéte , & la mort nous
fait peur : Que peut-on ajoûter à
nos miseres pour les rendre plus
grandes ?

Le souverain remede à tous ces
maux , c'est de marcher dans les
voyes de la justice , avec dessein
de ne s'en éloigner jamais , puisque c'est un chemin où l'on a
droit d'esperer les graces du Ciel,
& où l'on ne sçauroit craindre
les malheurs de la Terre. C'est-
là seulement où l'inconstance du
temps ne touche point , parce que
nous sommes élevez au-dessus
d'elle ; c'est-là où l'empire de la
Fortune nous est inconnu , parce
que nous ne relevons que de celuy qui donne le mouvement à

sa

sa rouë ; & quand nôtre cœur seroit rempli d'amertume , il suffit
que Dieu qui la verse dedans,
luy fasse connoître pour sa consolation , qu'elle sort du Calice où luy - même a étanché sa
soif.

Ceux qui vivent pour l'Eternité , ne se plaignent jamais du
temps , parce que toutes les fois
qu'ils pensent à son étenduë ,
quelque longue qu'elle puisse
être , ils la considerent si peu,
comme n'étant rien du tout en
comparaison avec celle de l'autre , qu'ils desavoüent par avance
les plaintes qu'ils en pourroient
faire.

Quand toutes nos prétentions
sont dans le Ciel , nous faisons délicieusement nôtre voyage sur la
Terre , sans regarder jamais , ny le
passé , ny l'avenir , puisque nous

n'avons que l'ufage du prefent ;
encore eſt-ce d'une matiere é-
trange comme toûjours nouvelle,
ſi le moment que nous reſpirons
ſe confond de telle ſorte avec celuy qui luy ſuccede, qu'on n'a pas
la liberté de faire reflexion , ny
ſur l'un ny ſur l'autre , tant il eſt
vrai que leur fuite eſt précipi-
tée.

Que le temps eſt précieux à
une ame vrayement Chrétienne !
& qu'elle eſt ménagere de ſes
momens ! Comme chacun peut
être le dernier de ſa vie , elle
fait reflexion ſur la neceſſité de
s'en ſervir utilement , puiſque
ſon ſalut dépend de leur employ.

Elle ſçait que le temps n'a point
de retour , & que le Soleil qui
éclaire ſa fuite , en marchant auſſi
vite que luy , ne retourne jamais
ſur ſes pas , quoy qu'il franchiſſe

toûjours une même carriere ; chaque jour est different de celuy qui
l'a devancé : ce qui l'oblige, ne
sçachant point le nombre de ceux
de sa vie, de n'en perdre pas un
instant, puisque d'un seul dépend
son éternité.

Nous ne pensons jamais qu'à passer le temps, & l'on ne sçauroit
comprendre la vîtesse de sa fuite :
Chacun se plaint toutefois qu'il va
trop lentement, ou qu'il ne marche pas assez vîte.

Quelle foblesse ! Nous n'avons
que le temps qui nous reste à vivre
pour acquerir l'Eternité, & l'on
trouve à dire à sa longue durée
pour en faire la conquête, comme
si l'esperance en donnoit la possession.

Je ne sçaurois croire qu'on se
lasse dans l'heureux employ de
travailler à ses propres Couronnes ; chacun doit être l'ouvrier

de fon falut ; & quand l'ouvrage nous paroît penible, il faut balancer la peine qu'on reffent, avec le bien que l'on efpere ; le defir de celuy-ci nous rendra fupportable la douleur de l'autre.

N'eft-il pas jufte d'achever fon travail avec fa journée, pour recevoir la recompenfe qu'on attend ? La difproportion eft fi grande, de la gloire qu'on remporte , & du foin qu'on a pris , qu'on n'en fçauroit faire la comparaifon ; un jour de travail nous donne une Eternité de repos. Quelle convenance de l'un à l'autre.

Je ne fçaurois fouffrir ces prodigues de leur temps , dans la honteufe profufion qu'ils en font , comme s'ils étoient maîtres de leur deftinée ; ils ne penfent à leur vie que quand elle eft paffée , comme fi leur memoire avoit la vertu d'en renouveller les jours.

Ceux qui ne regardent les cheveux blancs de leurs têtes, & les rides de leurs vifages, qu'au travers des lunettes, n'ont jamais tenu compte de leur âge.

C'eft être malheureux d'entendre à tous momens fonner les minutes de l'horloge domeftique que la nature a mis dans nos poulmons, puifque leur mouvement continuel les marque par nôtre refpiration, fans être touché d'une jufte crainte que l'heure de la retraite ne fonne, puifqu'elle eft fans retour : celuy qui vit fans y penfer, fait de fa vie imaginaire une mort d'autant plus veritable, qu'elle fe rend éternelle.

Chacun s'imagine que la Politique que le fens commun enfeigne, de prendre le temps comme celuy qui l'a fait l'envoye, eſt connuë de tout le monde ; mais la plus grande partie me perſuade par ſon exemple, que l'autre ne la connoît pas, puiſqu'on ne la met jamais en pratique.

Il faut bien s'abandonner avec le Navire au courant des flots & à la violence des vents qui l'emportent : mais comme dans cette rencontre, de même qu'en toutes les autres, une ame Chrétienne prend toûjours ſa raiſon pour guide, elle nous ſert de nouveau Pilote ſur la Mer, & nôtre devoir de flambeau ſur la Terre, pour nous ôter la crainte de broncher. C'eſt à la faveur de l'une, & ſous la conduite de l'autre que nous ſoulageons le mal de la crainte qui nous ſuit, ne pouvant le guerir ; mais il ſuffit que ce ſoulagement en rende la douleur inſenſible.

Le veritable Chrétien ne mandie point les confolations d'autruy dans toutes les afflictions qui luy arrivent, il fe confole avec celuy qui les luy envoye : les bleffures qu'il reçoit tirent leur remede de la main qui les a faites.

Encore que tous les jours foient differens, c'eft un même Soleil qui les donne. Les jours de joye, & les jours d'affliction font tous marquez dans les mêmes Almanacs qui marquent nos années ; & comme ils font faits avant nous, il ne faut que s'étudier à la patience quand les uns arrivent, pour n'en être pas furpris ; & à la moderation, lorfque les autres viennent, pour ne nous méconnoître pas.

Il nous fied tres-mal de raifonner avec celuy qui nous a donné la raifon ; fa premiere leçon nous

enseigne de subir avec soûmission toutes les loix qu'il nous impose ; & si leur rigueur excite nos
cœurs à murmurer, il en faut
devancer le murmure par un
juste repentir, en condamnant
nos plaintes avant que de les
faire.

Ce nous est un grand bonheur
de nous laisser gouverner par celuy qui gouverne si sagement toutes choses aprés les avoir créées,
il est si éclairé de luy-même, qu'il
ne sçauroit faillir en tout ce qu'il
fait.

L'erreur & l'aveuglement nous
sont si propres, que nôtre nature
se confond avec eux. Comme l'a-
venir luy est present, il ne peut se
tromper ; & le present même est si
éloigné de nous, à force d'être
sombre aux yeux de nôtre esprit,
qu'il se trouve souvent aveuglé de
sa propre lumiere, puisque la reflexion

flexion même qu'il fait fur fa
prefence , eſt un rideau qui le
lui cache , ne pouvant le concevoir.

Nous ferions bien malheureux ,
fi Dieu nous abandonnoit à nôtre
propre conduite; & beaucoup plus
encore , s'il nous donnoit la liberté
de faire tous les jours de nôtre vie.
Comme il eſt croyable que tous ces
jours feroient de Printemps ou
d'Automne, l'une & l'autre Saiſon
fe termineroient fans doute à une
Saiſon d'Hyver qui ne finiroit jamais. Cette verité infaillible fert de
fondement inébranlable à toutes
les felicitez du monde : tous les divers chemins de la volupté aboutif-
fent à la douleur & au repentir ; je
dis à une douleur éternelle, puiſque
le repentir en eſt éternellement
inutile.

Prenons le temps comme il
vient , aprés nous être diſpoſez

N

à le recevoir comme Dieu l'envoye, le bon & le mauvais nous
font également utiles, selon l'u-
fage que nous en faifons : s'il eft
beau, il ne fçauroit durer beaucoup, le calme porte avec foy un
préfage infaillible de l'orage ; &
s'il eft fâcheux, fon inconftance
infaillible nous doit confoler :
mais bienheureux celuy qui n'a
pas befoin de confolation ! &
beaucoup plus encore celuy qui
ne la cherche qu'à la fuite de la
Vertu, puifqu'en la fuivant, elle-
même travaille à fes Couronnes !

REFLEXION MORALE.

PUISQUE celuy qui a fait le
temps en a reglé toutes les heures, il faut le prendre comme il le
donne, & regarder fes ordres fouverains avec un cœur foûmis, plû-

tôt qu'avec un esprit inquiet, pour trouver nôtre repos dans nôtre obéïssance ; & comme nous n'avons valant en ce monde que le peu de temps qui nous reste à vivre , vivons de telle sorte , que nous soyons en état de mourir à tous momens.

C'est le seul moyen de ne se plaindre pas du present, de ne regretter point le passé , & de n'appréhender pas l'avenir.

Ceux qui considerent la nature du temps , toûjours present à nos yeux , & toûjours inconcevable à nôtre esprit, doivent se représenter le bonheur & le malheur de cette éternité qui luy succedera , pour acquerir l'un en évitant l'autre ; & comme les plus ménagers de ses heures, ont le plus souvent oublié quelque chose de ce qu'ils devoient faire , faisons aujourd'huy ce que demain nous vou-

drions avoir fait , afin de pouvoir
employer le peu de temps qu'il
nous restera à bien mourir : c'est le
seul moyen de balancer le contentement de la vie , avec le bonheur
de la mort.

CHAPITRE IX.

Comme le desir & la crainte causent toutes nos peines, & font tous nos déplaisirs, il ne faut désirer que Dieu, & ne craindre que luy-même pour être toûjours contens.

L'EXPERIENCE nous apprend que nos vains desirs & nos craintes imaginaires, font toutes nos inquiétudes, & causent tous nos déplaisirs.

Il n'est point de cœur sans desirs, on ne voit point d'ame sans crainte ; & comme celle-cy nous rend presens tous les maux qui nous peuvent arriver, & que celuy-là nous fait vivre en languissant dans une vaine attente, on peut soûtenir avec raison, que si l'un nous rend malheureux, l'au-

tre augmente le nombre de nos
miseres.

Que c'eſt une triſte vie d'en deſirer toûjours le bonheur ſans le
poſſeder jamais , & d'en reſſentir
toutes les peines par l'apprehen-
ſion qui nous en demeure : Tout
ce qu'on ſouhaite nous tourmente , auſſi-bien que tout ce qu'on
craint ; nos deſirs nous font aller
au devant de l'avenir, pour chercher ce qu'on ne peut trouver ; &
nos craintes plus ingenieuſes , a-
prés avoir rempli nôtre imagination de l'horreur qui les accompagne , approchent ſi fort de nous
le mal qui en eſt éloigné , qu'on ſe
ſent bleſſer ſans voir la main qui
nous bleſſe.

C'eſt être bien malheureux de
porter dans le ſein un cœur toûjours fecond en deſirs , ſans deſirer
jamais ce qui nous eſt neceſſaire , &
toûjours inepuiſable en craintes ,

sans craindre d'offenser Dieu.

Nous soûpirons aprés des biens perissables, & nous ne desirons pas le bien souverain : Nous appréhendons les maux qui nous peuvent arriver, & nous ne craignons pas celuy qui nous en peut garantir.

Quelle étrange manie, d'être ingenieux à s'affliger soi-même par d'inutiles desirs, & par de vaines craintes ! Nous employons le present à souhaiter l'avenir, pour n'être jamais contens qu'en esperance ; & nous rendons l'avenir present, pour souffrir tous les maux dont on est menacé.

Il faut assouvir l'avidité de nos cœurs toûjours aspirans aprés des felicitez nouvelles ; & comme ils ne peuvent être remplis que de Dieu, on ne doit desirer que luy, puisque luy seul comprend tous les biens souhaitables : il faut,

N iiij

dis-je, guerir nos ames de la crainte qui les tyrannise ; & comme le
crime en fait la peine, nous devons
vivre innocemment, puisque l'innocence peut faire nôtre repos.

Celuy qui desire Dieu de tout
son cœur, ne le sçauroit remplir
de nouveaux desirs ; il n'a rien
plus à desirer ; & quand la crainte
des malheurs seroit gravée fort
avant dans son ame, s'il se represente que le plus grand de tous,
est celuy du peché, tous les autres
luy seront insensibles.

O qu'il est doux de faire l'experience de cette verité ! Tous les
cœurs soûpirent sans voir l'objet
qui les fait soûpirer. Toutes les
ames craignent sans connoître la
cause de leur crainte ; On desire
des biens perissables dont on ne
peut joüir qu'en passant, & l'on
méprise un bien infini, dont la
possession doit être éternelle : On

craint des maux imaginaires , qui
le plus souvent n'arrivent pas , &
l'on ne songe point à ces supplices
qui nous sont destinez , dont le
châtiment est infaillible.

Celui qui ne souhaite que ce qui
est juste , voit toûjours ses vœux
exaucez ; & quand on use du bien
present , on n'appréhende point
l'avenir.

Comme on ne sçauroit aimer
Dieu modérément , on ne peut
balancer le desir de posseder sa
gloire avec le soin d'acquerir les
honneurs d'ici-bas ; & c'est ce malheureux partage de nos cœurs qui
en fait toutes les inquiétudes.
Nous desirons également , & les
délices du Ciel , & le contentement de la Terre ; & d'un même
cœur nous appréhendons tout à la
fois , & les malheurs de ce monde ,
& les peines de l'autre. Jugez si
cette nature de souhaits , & si cet-

re forte de craintes, nous peuvent faire trouver le repos que
nous cherchons.

Celuy-cy voudroit violer les
vœux publics qu'il a faits, comme
s'il ne favoit pas que la volonté
en eft auffi criminelle que l'action.
Quel aveuglement ! au lieu de fu-
bir la loy qu'il s'eft impofée de
fouffrir le joug qu'il s'eft donné,
& de porter les chaînes qu'il s'eft
fait luy-même ; il s'afflige, il fe
tourmente, fans confiderer que
fon affliction ne change point la rigueur de la loy, que fon tourment
n'amolit pas la dureté de ce joug,
& que fon inquiétude rend fes
chaînes plus pefantes.

Qu'il y a de plaifir de vivre dans
les liens que Dieu nous a faits de fes
mains propres, aprés luy en avoir
demandé la grace ! Que c'eft un
grand bonheur de mourir dans
une prifon dont il eft le Geolier,

aprés luy en avoir donné les clefs !
& que c'eſt une gloire ſenſible de
pouvoir remplir la place qu'il nous
a marquée de toute Eternité ,
dans la condition où ſa Providence nous appelle ! Quelle deſtinée plus heureuſe pourroit-on ſouhaiter ?

On en voit d'autres qui deſi-
reroient ſe décharger du peſant
fardeau de leur Mariage , aprés
avoir oublié que le Contrat en a
été fait dans le Ciel , avant que les
Notaires l'ayent paſſé ſur la Terre : les liens que le Ciel a faits , &
dont la foy publique enchaîne les
cœurs , ne ſe peuvent jamais rompre. Ce ſont ces deſirs également
ſacrileges & inutiles , qui ſe rendent les tyrans & les bourreaux de
tous les cœurs infideles qui les conçoivent.

Il y en a beaucoup qui ſe font
malheureux par la crainte de le

devenir, dans le peu de foy qu'ils ont en la Providence, comme si elle étoit obligée à leur donner caution du secours qu'ils en doivent esperer.

C'est cette crainte servile & criminelle, qui tient à la gehenne toutes les ames qu'elle maîtrise, & qui fait autant de malheureux qu'elle frappe d'imaginations. Il ne faut craindre que les malheurs qui sont inséparables de nos crimes ; on ne sçauroit être malheureux & innocent : une conscience paisible rend une ame tranquille.

Quand la justice regle nos desirs, elle en ôte l'inquiétude ; & lorsque le devoir justifie nos craintes, luy-même nous les fait concevoir sans étonnement. Il faut desirer le bien & craindre le mal ; & comme Dieu est le seul bien souhaitable, & le peché le seul mal qu'on doit appréhender , nous devons soûpirer sans cesse aprés l'un , & n'être capable d'aversion que pour l'autre , si nous voulons trouver le repos de la vie & le bonheur de la mort.

Que c'est un effroyable destin d'avoir ici bas toutes choses à souhait , puisqu'on n'y peut posseder que des biens perissables ! Dieu permit aux plus ambitieux des Rois de faire la conquête du Monde : & dés qu'il en fut le Maître , il connut que son ambition l'avoit trompé , puisqu'il fut contraint de borner son étenduë dans l'espace de sept pieds de terre , dont il avoit besoin pour faire son Tombeau.

Les uns desirent les richesses , ce desir coûta la vie & l'honneur à Crésus ; je dis l'honneur , sa memoire est honteuse à la posterité. La Fortune vendit si cher à Cesar , l'envie d'essayer seulement la Couronne de l'Empire du Monde , que la premiere fois qu'il la mit sur sa tête , il succomba sous sa pesanteur. Neron n'étant pas satisfait de la qualité d'Empereur , desira celle de Comedien pour remplir l'attente du Theatre : mais luy-même fut le sujet d'une sanglante Tragedie ; & aprés avoir donné du plaisir au Peuple durant sa vie , il le divertit du spectacle de sa mort.

Il y en a beaucoup qui voudroient avoir un bel esprit , sans considerer que sa beauté consiste en la bonté , & cette bonté en la seule lumiére qu'il nous donne pour trouver le chemin de nôtre salut.

Les Dames ne souhaitent que la beauté , comme si elles ne sçavoient pas que son destin est le plus malheureux du monde ; tou-

tes les beautez du corps font des
fleurs de Jardin , qui nous difent
adieu en les regardant , puifqu'on
ne peut les regarder qu'une fois
dans la vif éclat que le Soleil leur
donne. De tous les prefens que la
Nature peut faire , il n'en eft point
de plus funefte que celuy-là , puifqu'il eft inféparable de toutes les
difgraces qui fuivent une grande
beauté : Qui dit belle , dit mal-
heureufe , fans une grace continuelle & extraordinaire de volonté ou de penfée , en fuyant à ceux
qui la pourfuivent , foit pour rendre fa fuite lente & tardive ; ou foit
pour s'arrêter aprés s'être laffée à
courre.

Ne defirons que Dieu , ne craignons que luy-même , c'eft l'unique moyen de trouver le repos au
milieu des inquiétudes dont on
peut être agité.

L'art de goûter les plaifirs de

la vie, confiste à connoître la verité de ces plaifirs, comme il n'en eft point d'autre que de plaire à celuy qui nous l'a donné, il ne faut que le regarder en tous nos defirs, pour affouvir le cœur qui defire, de même que dans nos appréhenfions ; afin que nôtre efprit fe fortifie en cet objet divin, puifqu'il rend invincibles tous ceux qui le regardent.

Si l'Avare pouvoit connoître la nature des Trefors qu'il fouhaite, bien loin de les fouhaiter, il changeroit fon amour en averfion ; mais comment peut-il être éclairé en cette connoiffance, fi la lumiere de fa raifon l'aveugle par le mauvais ufage qu'il en fait.

Une experience continuelle perfuade fes fens par des objets fenfibles, puifqu'il marche fur les cendres d'un grand nombre de mauvais Riches, qui font morts avec

avec un repentir inutile de leurs crimes, puisqu'ils sont entrez dans le Tombeau tous revêtus de leur noire passion d'avarice, aprés avoir oublié volontairement le nom de ceux à qui ils avoient dérobé le bien.

Si toutes ces preuves convainquantes ne le sont pas encore assez, je n'ai plus rien à dire, qu'ils meurent avec leurs desirs ; si la Terre ne les a pû terminer, l'Enfer les assouvira, puisque luy-même en doit être la derniere fin.

Qu'ils vivent aussi dans la crainte de toutes choses, à l'exception de celle d'offenser Dieu, il suffit que sa justice soit à la fin vengée ; les méchans ne sçauroient trouver d'abry contre ses foudres, & tous les Autels de refuge, changeant de nom & de nature, sont des Autels d'expiation, où les ames criminelles demeurent exposées

O

éternellement en victimes, pour être sacrifiées à tous momens , sans le pouvoir être une derniere fois.

Celuy qui passe sa vie en desirs inutiles , connoît à la fin de sa journée , qu'il l'a employée à dormir , puisqu'il n'a vécu qu'en songe.

Je veux que nous ayons le bonheur de voir tous nos souhaits accomplis : comme nous ne pouvons souhaiter de la Fortune que les biens qu'elle donne , jugez de quel prix en peut être la conquête , leur possession n'a jamais enrichy personne.

Quel bien peut-on desirer sur la Terre , si nôtre destin en a marqué la place , pour y faire celle de nos Tombeaux ? Informez-vous de tous les riches qui meurent, combien ils estiment leurs richesses , ils vous répondront que leur valeur consiste en celle d'un simple drap pour les enſevelir ? Faut-il prendre tant de ſoin pour emporter ſi peu de choſe !

Le moyens d'aſſouvir tout à coup l'avidité naturelle de nos cœurs, c'eſt de faire tourner leur glace du côté du Ciel, afin que luy-même ſoit leur objet, comme il eſt leur eſperance : Et comme il ne ſe fait pas moins craindre par le bruit de ſes foudres, qu'il ſe fait admirer par la beauté de ſes Aſtres, écoutons la voix de ſes Tonnerres pour apprendre d'elle par avance, ce qu'elle doit annoncer le jour du Jugement, afin de diſpoſer nos eſprits à concevoir des penſées convenables à l'horreur de cette derniere journée du temps, où l'Eternité commencera ſon regne.

REFLEXION MORALE.

Il n'est pas mal aisé de prouver, que la possession de tout ce que nous desirons ici-bas, nous en donne le dégoût, & ensuite le mépris. Il suffit de joüir de tous les biens qu'on a souhaitté, pour ne les aimer plus ; & c'est assez de sçavoir qu'ils nous appartiennent, pour se rendre insensibles aux plaisirs de leur conquête.

C'est le propre de tous les biens perissables, d'inquiéter le cœur qui en joüit, parce que comme ils ne peuvent remplir le vuide de son avidité toûjours naissante, il oublie qu'il en est le maître, & cet oubli luy en fait souhaiter de nouveaux ; mais quand nous regardons le Ciel au lieu de la Terre, dans nos desirs, afin que Dieu seul soit leur objet, ce cœur toûjours

avide & toûjours inquiet change
tout à coup de nature , se trouvant rassasié dans ses desirs mêmes , sans inquietude , & dans ses
esperances, puisqu'il ne peut concevoir un bien plus grand que celuy qu'il desire , ni esperer une felicité plus parfaite , que celle de
sa possession. Il en est de même de
la crainte , cette passion maîtrise
si fort nos ames , qu'on a peur de
tout.

On apprehende la pauvreté ,
les maladies , & mille autres disgraces ; & quoy que tous ces maux
soient à venir, Dieu permet que
leur douleur nous soit sensible ,
pour nous punir continuellement ,
puisque nous l'offensons sans cesse.
Mais quand nôtre crainte n'a
pour objet que le peché, dans une
juste apprehension de le commettre, cette passion change heureusement pour nous de nature ; puis-

qu'elle nous donne tout à la fois, & le courage de méprifer tous les malheurs qui font à venir, & la force de fe rendre maîtres de ceux qui nous arrivent.

Jugez de l'avantage qui nous demeure, en ne defirant que Dieu, de pouvoir éteindre dans nos cœurs l'ardeur de cette foif qui les fait foûpirer inceffamment aprés des biens periffables ; & reprefentez-vous le bonheur qu'on a en ne craignant que d'offenfer Dieu, d'être à l'épreuve de toute autre crainte, fans changer de vifage, ni à la rencontre des perils, ni à la vûe de la mort. C'eft la récompenfe que Dieu donne à ceux qui l'aiment & qui le craignent.

[illegible]

CHAPITRE. X.

Tout le bonheur de ce Monde consiste en la recherche des moyens pour acquerir les felicitez de l'autre.

JE ne sçaurois excuser ceux qui cherchent inutilement le repos de la vie, chacun le peut trouver en travaillant à son salut ; comme ce travail se confond avec la tranquillité, si nous en considerons & l'objet & la fin, on ne peut être malheureux en agissant de la sorte.

Que sçauroit-on en effet concevoir de plus delicieux, que d'employer le temps de cette vie toûjours agonizante, à la conquête d'une nouvelle qui ne connoîtra point la mort.

Quel bonheur peut être plus grand, que celuy de travailler à

nous rendre éternellement heureux ? Et quelle gloire plus solide
sçauroit on prétendre , que celle
de se faire des Couronnes dans le
temps , que son inconstance ne
nous sçauroit ôter ? C'est en ce seul
employ , c'est en ce seul travail &
en cette seule action , que consiste
la felicité de la vie.

Est-il rien de plus veritable que
la joye d'une ame innocente ; Est-
il rien de plus charmant que la
tranquillité d'un esprit qui ne pense qu'à bien faire ? & peut-on se
représenter un cœur moins agité ,
que celuy qui parfume le même
air qu'il respire , de l'odeur d'une
belle vie ?

Je n'appréhende point qu'on
mette en doute cette verité ; chacun peut ressentir ce que je dis ,
la raison persuade les plus incredules , sur la foy de leurs propres
sentimens.

Il ne faut s'occuper qu'à faire ce qu'on doit, pour ne s'ennuyer jamais; il ne faut que penser à la felicité que nous prétendons, pour être toûjours heureux; & le seul moyen de vivre en repos, c'est d'y mettre sa conscience.

J'ay de la peine également à souffrir ceux qui s'ennuyent toûjours, comme s'ils vivoient sans y penser; & ceux qui se plaignent sans cesse des maux qu'ils endurent, comme s'ils avoient oublié les maux qu'ils ont faits.

La vie est un employ trop important pour n'y penser pas, puisqu'elle ne nous est donnée que pour acquerir l'Eternité, & les plaintes siéent mal à la bouche d'un Chrétien; on doit la soûmission à la Loy, & l'Oracle qui l'a prescrite nous impose silence.

Que ceux qui sont à charge à eux-mêmes, me semblent malheureux, ils se cherchent inutilement en leur presence, & ne se trouvent jamais ; & comme ils vivent par necessité, plûtôt que par raison, ils traînent leurs chaînes, au lieu de les porter ; & soûpirans sans cesse tout l'air qu'ils respirent, ils meurent aussi miserables qu'ils ont vêcu, sans avoir jamais fait reflexion ni sur la vie, ni sur la mort.

Les plaintes de ces esprits forts ne me paroissent pas moins criminelles, quand d'une impudence de demon ils trouvent à dire à toutes choses, comme si le hazard en étoit le créateur ; ils voudroient reformer les desordres du monde, & leur vie est une image de confusion.

Ce n'est pas le moyen de vivre en repos, que de s'inquiéter de tout ; on ne sçauroit être heureux sans y penser ; il faut que chacun

travaille d'une action continuelle
à l'établissement de sa felicité,
pour en jetter des fondemens in-
ebranlables ; & si l'on veut voir son
travail couronné, on le doit rendre continuel, puisqu'un moment
d'intervalle peut être celuy de nôtre perte.

Mais qu'on ne s'étonne point
de la peine qu'on y peut trouver,
elle est balancée d'un plaisir qui
la rend insensible ; & si elle se fait
sentir, ses rigueurs ont des appas
qui la font aimer, au lieu de la faire craindre.

Comment se peut-on dire malheureux, en marchant sur les pas
de celuy qui a pris en partage toutes nos miseres ! De quel tourment sçauroit-on avoir le cœur
atteint à la suite du Dieu des souf-
frances, & de l'homme de douleurs ; Les disgraces qu'il nous
envoye sont des felicitez, la main

qui les donne, en change la nature. Que si l'on n'en goûte pas
les douceurs qui les accompagnent, c'est alors seulement qu'on
se peut dire malheureux ; nôtre
insensibilité rend nôtre malheur
veritable.

Quand les felicitez du Ciel ne
font pas l'objet de nos desirs, le
bonheur que nous esperons sur la
Terre fait la cause de nos inquiétudes : si nous n'avons l'esprit rempli des pensées de nôtre salut, nôtre cœur demeure vuide de consolation dans les dangers qui pré-
sagent nôtre perte.

Encore que les belles ames
soient au dessus de l'interest, celuy de la gloire les anime si fort
à la conquête de ses Couronnes,
que l'impossible leur paroît facile
pour les emporter. Il en est de
même de ceux qui n'ont de l'a-
mour que pour les choses éternel-

les , à quelque prix que le Ciel mette leur joüiſſance , ils ne s'eſtiment heureux qu'en la recherche des moyens de l'acquerir ; & comme en cela leur bonheur eſt toûjours plus grand que leur peine , ils oublient celle-cy pour goûter l'autre plus ſenſiblement.

Il eſt bien vray , que ceux qui ſe diſent malheureux , en franchiſſant une carriere dont les felicitez du Ciel doivent être le prix de leur courſe , le ſont en effet dans leur inſenſibilité , puiſqu'ils ferment les yeux à la brillante lumiere qui les éclaire , aprés s'être rendus inſenſibles à la douce eſperance qu'ils ont droit de concevoir.

N'eſt-il pas honteux à des fideles Chrêtiens , de voir encherir ſur leur infidelité , des infideles Macedoniens à la ſuite d'Alexandre , puiſqu'il les traîne aprés luy , avec les seuls liens de l'espoir de ses conquêtes, sans avoir d'autre caution que celle de son courage invincible. Les plaines sabloneuses de l'Asie n'ont plus d'horreur pour retarder les pas de leur marche ; & les écueils sans nombre de la Mer Caspienne ne sçauroient les arrêter plus long-temps sur le rivage, aprés s'être persuadez de surmonter les autres. Ils veulent vaincre ou mourir, quoi que la fin de leur vie soit la fin de leurs esperances.

Quel personnage pouvons-nous faire à la vûë de ces Heros infortunez, puisqu'ils portent avec eux toute leur fortune ? Serons-nous tristes à la veille du jour qui nous doit combler d'une joye éternelle : Nous dirons-nous malheureux dans les justes prétentions d'une felicité qui ne finira jamais : Vivons-nous en inquiétu-

de en l'attente infaillible de ce repos, dont Dieu même doit être
le fondement ? Et aurons-nous toûjours la bouche ouverte pour murmurer contre nôtre deſtin, comme ſi nous doutions de la bonté
de celuy qui en a rendu les loix inviolables ?

Ce Monarque qui n'a que de
la terre à donner, ſe fait ſuivre
avec joye dans tous les longs eſ-
paces, par une foule de divers
Peuples ; & le Createur du Ciel,
qui le promet pour récompenſe,
ne nous engage à ſa ſuite qu'à regret, puiſque nous pleurons toûjours, puiſque nous ſoûpirons
ſans ceſſe en marchant aprés luy,
mais je ne m'en étonne pas ; comme un cœur partagé n'a point de
Maître, on ne ſçauroit aimer le
Ciel & la Terre tout à la fois, ſi
l'on ne ſe donne tout entier à Dieu,
le peu qui nous reſte ſuffit pour

P iiij

difpofer de nos volontez au mépris de la fienne, & c'eft ce qui fait nôtre malheur.

Il ne faut point fe flatter, où il y va du bonheur de la vie ; nous ne le trouverons jamais en ce monde, fi nous ne le cherchons dans l'autre, en donnant toutes nos penfées, & toutes nos actions aux foins de l'acquerir, puifque de ce travail même nous pouvons tirer nôtre repos.

S'il eft vray que le mauvais ufage des richeffes faffe tous les malheurs de la vie, il faut avoüer que tous les riches ont befoin de confolation, puifque tous en ufent fi mal, qu'à moins d'une grace particuliere, ils bronchent tous à la pierre de la volupté, comme la pierre d'achopement qui les fait tomber d'une chute mortelle, puifqu'on ne s'en releve jamais.

Eftre riche & heureux, l'incom-

patibilité est trop grande de la felicité avec la richesse pour les faire
subsister ensemble ; & afin qu'on
n'en doute plus, il faut se représenter que le partage des richesses n'est pas celuy des Prédestinez.
Le premier de tous a voulu succeder à la pauvreté & à la disette,
ce n'est pas qu'il soit impossible de
se sauver avec les biens de la Terre ; mais à moins que de s'en servir pour acheter le Ciel, il ne sera
jamais nôtre conquête. Comment
pouvons-nous songer à ses plaisirs,
tandis que nous goûtons ceux que
le monde nous donne ? & de croire
qu'on puisse acquerir les felicitez
sans y songer, c'est prendre un songe pour la verité.

Le plus grand bonheur qu'on
peut souhaiter, c'est celuy d'avoir
du bien pour remplir la condition
où Dieu nous appelle. Sans élever
jamais nos yeux sur celle qui est

au-deſſus , comme ſur une place
deſtinée à un autre ; il ſuffit d'ê-
tre placez au rang que Dieu nous
a donné ; tous les autres ne nous
conviennent pas ; il faut toûjours
tirer un rideau entr'eux & nôtre
ambition , pour n'être pas tenté
de leur vûë.

Tout le monde ſonge à faire fortune pour être heureux , & tous
ceux qui la font ſont les plus malheureux du monde. Je dis les plus
malheureux ; ils courent hazard
de ſe damner , & la damnation
comprend tous les malheurs ima-
ginables , bien qu'ils ſoient au-deſſus de l'imagination.

Faire fortune , c'eſt vivre de
jour à autre d'une vie apparem-
ment heureuſe , comme apparem-
ment agreable. Je dis apparem-
ment , ſes felicitez & ſes délices
étant d'autant plus imaginaires ,
que ceux qui les goûtent ne vivent

eux-mêmes que de moment à autre, sans que leur jeunesse, ny leur
santé, puissent être caution de la
durée d'un seul.

Si l'on sçavoit la valeur de la
vie, on ne l'employeroit qu'à bien
faire, le bien qu'on fait nous demeure : on a beau travailler pour
acquerir celuy de la terre, tout celuy qu'elle a produit y est encore,
& personne ne s'est jamais enri-
chi, ny de sa conquête, ny de sa
possession : Ce qui nous fait connoître, par une experience honteusement sensible, que tous les
chemins de la Fortune aboutissent
à nôtre perte, puisque les plus for-
tunez sont d'ordinaire en état de
ne se sauver jamais.

Encore qu'il y ait divers chemins
pour aller au Ciel, il faut avouer
que celuy que Dieu a tenu est le
plus assuré, bien qu'il soit le plus
penible : je dis le plus penible en

apparence ; il faut consulter le cœur en secret pour en sçavoir la verité.

On a beau réuſſir en toutes choſes dans le monde, on ne réuſſit à rien quand on n'y fait pas ſon ſalut, puiſque hors de luy, tout y eſt inutile.

Avoir la Fortune à ſa ſuite, tenir la Fortune à ſes gages, pour diſpoſer abſolument de ſes faveurs : ſi les plus grandes ne ſçauroient faire un homme heureux, quel repos peut-on eſperer de la poſſeſſion de toutes enſemble ?

Faiſons tout ce que nous voudrons, nous ne faiſons rien quand nous manquons à faire nôtre ſalut.

Cent ſiécles de vie, & cent millions de rente par jour, ſont de veritables chimeres ; elles ne peuvent ſatisfaire nôtre imagination qu'en paſſant, puiſqu'elles ne font que paſſer.

On connoît la folidité d'un efprit par celle de fes penfées ; &
comme toutes font inutiles fi elles
n'ont pour objet l'Eternité, à moins
que de penfer continuellement à
elle, on ne penfe jamais à rien.
Comme chacun n'avalant au monde que l'efperance d'être fauvé,
c'eft mourir par avance en vivant,
de ne travailler pas fans ceffe à fon
falut. Ayons tout à fouhait dans le
temps, fi luy-même nous livre à
l'Eternité fans avoir employé tous
les foins de la vie à l'acquerir, l'E-
ternité nous demeurera, mais ce
fera pour marquer la durée de nos
malheurs & de nos peines : Lecteur,
je parle à toy.

Il n'eft rien de fi difficile à un
homme riche, que de fe fauver ;
comme fes richeffes l'attachent à
la fuite de la volupté, elle remplit
fi fort fon efprit des plaifirs imaginaires, qu'il ne penfe jamais aux

veritables; ce qui le rend d'autant plus malheureux, que son malheur passe du temps à l'Eternité.

Estre toûjours heureux en ce monde, c'est avoir toûjours besoin de consolation, puisque les plus grandes felicitez sont des présages infaillibles de pareilles disgraces. La Nature ne sçauroit produire de roses sans épines.

Il n'est point de jour qui n'ait sa nuit, & quoyque la Mer soit l'image sensible de l'inconstance, cette inconstance est immuable dans la necessité de faire succeder l'orage à la bonace.

Tous les hommes riches me font compassion; leur destinée me paroît si malheureuse, que la seule pensée m'en fait horreur: s'endormir dans les délices de la vie, & ne s'éveiller que dans les agonies de la mort, pour encourir une damnation éternelle, il n'est rien de plus effroyable.

Tout le monde demande des biens à la Fortune, sans considerer que leur joüissance fait tous les malheurs de la vie : la veritable richesse ne consiste qu'au mépris de toutes ensemble.

REÉLEXION MORALE.

JE ne connois rien de plus déplorable que l'Histoire de nos bonnes fortunes à l'heure de la mort; comme toutes les actions qui regardent la terre, y sont ensevelies avec nous, le recit qu'on en fait donne plus de pitié qu'il ne cause d'admiration. Si les honneurs dont on joüit ne sont rien du tout, jugez de quelle nature peut être nôtre gloire passée.

Tout le bonheur de ce monde consiste en la recherche des moyens pour acquerir les felicitez de l'autre : Le soin qu'on y prend est si agréable, la peine qu'on y trouve a tant de douceur, que l'esperance en cela n'a point d'appas que la possession, puisqu'on la croit infaillible.

Est-il rien de plus délicieux que d'employer tout son temps à la conquête de l'Eternité ? c'est le solide bonheur, c'est le veritable contentement ; & tous ceux qui le chercheront ailleurs, ne le trouveront jamais.

CHAPITRE

CHAPITRE XI.

Pour vivre heureux dans le monde, il y faut paſſer la journée, comme ſi c'étoit la derniere, en faiſant toûjours ſon devoir, puiſque chaque moment peut être celuy de nôtre retraite.

CEux qui font gloire d'être heureux icy-bas, ont oublié ſans doute, que le monde eſt une Priſon remplie de Criminels condamnez à la mort par un Arreſt irrevocable, & qu'ils attendent à toute heure celle de l'execution. Le temps nous conduit au Tombeau par le chemin que la Providence luy a frayé; & quoyqu'il porte l'Horloge à la main pour marquer la durée de nôtre voya-

Q

ge, il ne ſçait pas le moment qui le doit terminer.

Dans cette incertitude du jour de nôtre mort infaillible, on ne ſçauroit trouver le repos de la vie que par le mépris qu'on en fait, parce que ce mépris rend ſi beau le chemin que nous tenons, qu'on marche avec plaiſir, & l'on arrive où l'on va avec joye.

Quelle ſatisfaction de faire ſon bonheur en faiſant ſon devoir! & quelle joye de ſuivre ſon deſtin en ſuivant la vertu! Eſt-il rien de plus charmant que de ſubir tout à la fois, & les ordres que Dieu nous preſcrit, & les regles que la Juſtice nous donne, ſans perdre jamais de vûë nôtre intereſt, puiſque la recompenſe du devoir dont on s'acquitte en obéïſſant à Dieu & à la raiſon, eſt de la valeur d'une gloire éternelle.

Nous ſommes en peine de ſçavoir le bonheur ou le malheur qui nous doivent arriver ; chacun peut faire son Horoscope : ceux qui pesent leurs actions dans la balance de la Justice, ne doivent point apprehender son glaive. Comme tous les divers chemins de la gloire aboutissent sur son Trône, toutes les differentes voyes de la volupté nous conduisent dans ses précipices. La bonne vie fait la bonne fortune.

Je veux qu'un homme soit grand jusques où son ambition le peut élever, ses grandeurs ne sçauroient faire sa félicité. Il peut bien contenter ses sens par la pompe qui l'environne ; mais il ne peut satisfaire son cœur par l'inquiétude dont il est agité : il a beau donner de l'envie à tout le monde, s'il n'a l'honneur pour objet, cette jalousie se changera bien-tôt en compassion.

La privation des richesses nous est bien plus utile que leur joüissance, si nous ne les employons utilement ; & comme la grace d'en bien user n'est pas donnée à ceux qui les ont mal acquises, leur mauvais employ est la premiere punition de leur injuste conquête, puisque Dieu s'en reserve la derniere dans les Enfers.

Le bien que nous acquerons est fort different de celuy que nous faisons ; celuy-cy nous console par le souvenir qu'il nous laisse, & par l'esperance qu'il nous donne ; & l'autre nous afflige par le soin qui l'accompagne, & par la peine qui le suit.

Il ne faut être riches qu'en bonnes œuvres : parce qu'elles seules ont la force de nous enrichir pour jamais. Tout l'or & l'argent demeure sur la Terre qui les produit, comme une partie de son corps ; que si les hommes ont mis de la difference entre l'un & l'autre, il suffit que la verité les confonde ensemble.

Quand une ame noircie de crimes verroit tous ses vœux exaucez, elle seroit toûjours malheureuse, puisquelle seroit toûjours criminelle ; le souvenir du mal qu'elle auroit fait, luy ôteroit le le sentiment du bien qui luy seroit arrivé ; comme le repos de l'ame ne releve point de sa fortune, elle ne peut rien contribuer à son établissement, ce doit être un ouvrage de nôtre façon ; & il est d'autant plus admirable, que nous trouvons dans sa fin celle de nos desirs, puisque nous n'avons rien plus à souhaiter.

C'est un étrange aveuglement d'aimer si fort la vie, & de ne penser jamais à sa courte durée. Tandis qu'on s'amuse à compter les

heures quand l'Horloge sonne , &
à voir dans l'Almanach combien
nous tenons du mois, le temps se
passe sans y songer , & lorsqu'il est
passé on y songe inutilement , puisqu'il n'a point de retour. Ce n'est
pas qu'il n'y ait du contentement
à vieillir ; mais une longue vie ne
sçauroit être agréable si elle n'est
tranquille , & comme son repos ne
peut proceder que de celuy de nôtre esprit, il faut de necessité travailler toûjours à son établissement
si l'on veut être heureux.

Je méprise les préceptes de la
Morale & de la Politique , quand
ils persuadent qu'on doit se contenter du bien dont on joüit dans
l'impuissance d'en acquerir davan-
tage. Ce raisonnement me paroît
trop foible , pour n'élever pas mon
esprit plus haut. On peut bien
être satisfait de sa fortune , mais
on doit tirer sa satisfaction d'un

autre principe, que de celuy de la necessité, puisque le plus ou le moins en cela ne sçauroit rien ajoûter à nôtre repos, si nôtre conscience le produit.

La bonne & mauvaise fortune sont indifferentes à l'homme de bien ; comme il vit de jour à autre sans en avoir un seul d'asseuré, le temps de l'abondance, & le temps de la disette luy sont également agréables ; il ne pense qu'à suivre toûjours le bon chemin qu'il tient, pour voir couronner le dernier pas de sa course.

Je ne m'étonne pas si les plaisirs du corps nous paroissent beaucoup plus sensibles que ceux de l'ame, les sens en font la premiere épreuve ; mais comme la raison est plus croyable qu'eux, tous les Esprits raisonnables demeurent persuadez comme les appas des derniers ont des douceurs sans comparaison par

deſſus les autres. Les délices du
corps, quoyque differentes , ſont
toutes de même nature , ſoit en
leur fauſſe apparence , ſoit en l'a-
mertume qui les accompagne ,
puiſqu'elles nous laiſſent toûjours
en paſſant, le regret d'avoir crû
qu'elles étoient veritables. Tout
au contraire des plaiſirs de l'ame,
qui dans leurs diverſitez ſont toûjours égaux , ſoit par leurs veritez
immuables, ſoit par leurs douceurs
toûjours preſentes ; mais comme
le plus parfait de tous eſt celuy
du repos de l'eſprit , puiſqu'il a la
vertu de calmer l'orage de nos
paſſions, nous ne devons ſoûpirer
qu'en ſon attente , ſçachant que
ſa privation fait toutes nos inquiétudes.

Quel plus grand avantage pourroit-on ſouhaiter dans le monde,
que celuy de n'y prétendre rien ;
N'eſt-ce pas être content de voir

ſes

ſes deſirs accomplis, & toutes ſes
eſperances terminées ! c'eſt l'heureux deſtin de celui qui met ſa
conſcience en repos, puiſque d'un
même œil & d'un pareil viſage,
il regarde toutes choſes ; & ſans
ſiller la paupiere, & ſans changer de couleur ; puis , dis - je,
que d'un eſprit reſolu & d'un cœur
ferme & conſtant, il prête l'oreille aux bonnes & aux mauvaiſes
nouvelles, ſans paroître ny émû
de joïe, ny touché de douleur.

C'eſt le glorieux ſort des ames
predeſtinées, qui par les lumieres
confonduës enſemble de la grace & de la raiſon, ne s'écartent
jamais des voyes de la juſtice, en
allant au Tombeau ; & comme
en approchant de la mort, elles
regardent toûjours l'Eternité, qui
eſt un ſéjour de joïe & de paix,
celle de leur conſcience leur en
fait goûter par avance les douceurs,

R

puisqu'elles n'en conçoivent point
de plus sensibles.

Je ne veux pas persuader en cela le Lecteur par la force de la raison seulement, j'aime mieux le
convaincre par la verité de l'experience, afin qu'il n'ait jamais sujet
de douter; il n'a qu'à faire l'épreuve de ce que je dis pour un moment, puisque cet instant de repos
suffit pour lui faire connoître l'horreur de ses inquietudes.

Comme le desir de nous sauver
est le seul objet qui peut remplir
nos ames de joïe, la crainte de
nous perdre, doit être la seule
image qui la peut faire fremir
d'horreur; & c'est sur cette nouvelle verité que le repos de nôtre
esprit nous doit être bien cher,
puisqu'il nous rend d'autant plus
sensible l'esperance de nôtre salut,
qu'il diminuë l'apprehension de
nôtre perte.

Que Saint Augustin avoit raison, quand il demandoit à Dieu la
grace de l'aimer de tout son cœur
un moment seulement ; parce
qu'il sçavoit bien que cet instant
seroit le dernier de sa vie, puisqu'il mouroit d'amour ! Il faut
souhaiter de Dieu une pareille
grace, en lui demandant celle de
jouïr du repos de nôtre conscience si peu de temps qu'il lui plaira,
puisque dans sa durée, quelque
courte qu'elle soit, nous connoîtrons qu'on ne sçauroit vivre content, si l'on ne vit dans sa crainte,
ny mourir heureux, si l'on ne meurt
avec son amour.

Tous les desordres de la vie
viennent de la méconnoissance de
sa nature : Ce n'est pas qu'un
homme ne sçache qu'il est mor-
tel : mais comme il ne fait jamais
reflexion sur cette verité qu'en
passant, le temps de sa vie se passe,

& il se trouve au bout de sa carriere, aprés l'avoir franchie honteusement, & avec un regret inutile.

C'est en vain qu'on nous persuade que l'exemple instruit beaucoup mieux que les Preceptes ; Nous avons beau voir mourir devant nous les plus jeunes, nous n'en devenons pas plus sages ; il faut pour nôtre malheur, qu'une derniere & funeste experience nous instruise inutilement, puisque la lumiere que nous en recevons, ne peut percer le bandeau de nôtre aveuglement, qu'au dernier instant de la vie.

Quand nous serions assurez de vivre un siecle, si nous sçavions le plaisir qu'il y a de bien faire, nous ne nous relâcherions pas d'un moment ; & dans le doute sensible où nous vivons, de sçavoir combien de temps on doit vivre, il faut

manquer de raison plûtôt que de
volonté, à se mettre à l'abri de la
juste crainte de mourir en état de
damnation : aprés elle on n'a plus
rien à craindre.

L'incertitude de la vie pour la
durée, est une belle Ecole à ceux
qui sont capables de reflexion,
pour en tirer leur profit, en évitant le dommage irreparable qui
leur peut arriver. Celui qui s'é-
tudie à vivre, se rend bien-tôt
sçavant à mourir ; & quand on
réussit en cela, on n'a plus rien à
souhaiter, ni en ce monde, ni en
l'autre.

Nous n'avons pas besoin d'Horloge, ni d'Almanach, pour nous
faire souvenir que nous sommes
mortels ; le vent de nôtre respiration frappe assez fort nos
oreilles, pour nous en presen-
ter à toute heure la verité ; mais
je m'étonne qu'elle soit si fort

convaincante & si peu sensible.
Tous nos sens prennent congé de
nous, chacun à sa façon, à tous
momens, puisque chaque moment diminuë sa vertu & ses
forces ; & leur décadence continuelle ne nous obligera point de
les dévancer, en leur faisant nos
premiers adieux dans nôtre ame,
pour les pouvoir abandonner sans
regret.

Ceux qui meurent avant que
de mourir, ne meurent jamais,
& l'on ne sçauroit s'exempter du
Tombeau aprés la mort, qu'en y
descendant tout en vie : ce n'est
pas qu'on ne meure comme les
autres, & qu'on ne soit enseveli
de même qu'eux : mais cette
mort change de nom en changeant de nature, par le bonheur
qui la suit, & nôtre Sepulture nous sert de Berceau, puisqu'étant semez en pourriture,

nous devons reſſuſciter en gloire.

L'unique moyen de ſe ſauver, c'eſt de penſer continuellement à ſon ſalut ; & comme ces ſeules penſées ne ſont jamais inutiles, toutes les autres nous font voir leur vanité par elles-mêmes ; puiſqu'elles meurent dés le premier moment de leur conception.

Tous ceux qui prennent attache au monde, emportent leurs liens dans le Tombeau, & du Tombeau dans les Enfers, pour y rendre leur ſervitude éternelle ; le ſeul moyen de l'éviter, c'eſt de s'attacher toûjours à ſon devoir ; & comme la raiſon en fait les liens, nôtre engagement eſt ſi juſte, que lorſque le temps nous délivre de nous-mêmes, pour nous livrer à l'Eternité, elle nous lie inſeparablement avec celui qui en marque la durée.

R iiij

REFLEXION MORALE.

Je ne pense jamais à l'aveuglement des hommes du monde, sans être touché de compassion. Que leur maniere me paroît étrange! Ils parlent toûjours sans sçavoir ce qu'ils disent ; ils travaillent continuellement sans connoître ce qu'ils font ; ils marchent toûjours sans s'informer d'eux - mêmes où ils vont.

Ne peut-on pas soûtenir que la plûpart des personnes ne sçavent ce qu'ils disent ? ils ne s'entretiennent que de l'achat & du debit de leurs denrées , comme si ce commerce avoit rendu un homme heureux : N'est-on pas obligé de croire qu'ils ne sçavent ce qu'ils font , ils s'occupent à toute autre chose qu'à faire leur devoir , & il faut de necessité s'en acquiter pour être fauvé ; Qui peut douter encore qu'ils ne fongent pas au lieu où ils vont, puifqu'en s'approchant à toute heure du Tombeau, ils ne veulent pas qu'on leur parle de la mort, comme fi elle n'étoit pas inévitable.

Chacun doit parler de fes interefts, nous n'en avons point d'autre que celui de nôtre falut : Nous fommes continuellement occupez, il faut faire le choix de l'employ afin qu'il nous foit utile ; nous fommes toûjours en chemin pour aller à la mort, on doit toûjours regarder le bout de cette funefte carriere, fi l'on peut emporter le prix, tous les autres difcours font inutiles, toutes les autres occupations font vaines, & toutes les autres penfées fans effet.

Comme la vie eft une mort continuelle, il faut être toûjours en état de mourir, & avec d'au-

tant plus de raison qu'on ne
meurt qu'une fois, & que le dernier inſtant de la vie nous donne
ou nous ôte la Couronne de l'E-
ternité.

CHAPITRE XII.

Nous ne devons penser qu'à bien vivre pour bien mourir, puisqu'en cette seule pensée consiste le bonheur de la vie.

CEux qui se mettent en chemin pour faire voyage, ne doivent avoir d'autre pensée que celle d'arriver au lieu où ils vont ; & comme on ne nous a appris à marcher que pour aller au Tombeau, il faut regarder le bout de nôtre carriere à chaque pas de nôtre course, afin de la rendre moins penible par l'esperance de l'affranchir heureusement.

Je sçai bien qu'il est mal-aisé de goûter le repos dans une action continuelle, & qu'on ne sçauroit

trouver ici-bas la tranquillité qu’on
y cherche , en marchant toûjours dans le penible chemin qu’on
tient ; mais il faut se representer
que le soin qu’on prend de s’acquitter de son devoir, est si agreable , que la satisfaction en balance la peine , puisqu’on n’a pas
moins de plaisir à bien faire , qu’à
recevoir la recompense du bien
qu’on a fait.

Comme les délices de la chasse
se font goûter en courant aprés la
proye par le desir de la prendre, les
plaisirs de la vie se trouvent à com-
battre nos passions, par l’esperance
d’en triompher ; Que si la plus forte est celle qui nous attache au
monde , nôtre plus grande satisfaction se doit tirer de la resolution
d’en rompre les liens avec d’autant
plus de raison , qu’à mesure qu’on
s’éloigne de luy , on s’approche de
la felicité qu’on desire , en mépri-

fant toutes les chofes qu'il peut
donner, on s'éleve au deſſus d'elles, & ce degré d'élevation fert de
fondement à nôtre repos.

Je ne conçois rien de plus raiſon-
nable que de penſer à ce qu'on fait
pour le bien faire ; que ſi tout le
monde deſire une heureuſe mort,
comme il faut de neceſſité qu'une
heureuſe vie l'ait devancée, c'eſt
ſouhaiter inutilement & l'une &
l'autre, que de ne faire jamais reflexion ſur tous les deux.

La vie ne peut être heureuſe que
par le bonheur qu'on ſe propoſe de
la finir heureuſement, de toutes
nos actions la fin en doit faire la
couronne.

Quel avantage nous feroit-ce
de marcher toûjours ſur des fleurs,
& d'avoir les épines en partage ?
N'eſt-il pas bien plus doux en
cüeillant les unes avec les autres,
de ſe faire un bouquet de toutes

ensemble pour en sentir l'odeur en
paſſant, & d'en conſerver le souvenir aprés qu'elle ſera paſſée ?

L'odeur d'une vie innocente eſt
ſi agreable, qu'elle paſſe juſques
dans l'ame ! & par une vertu plus
divine que mortelle, comme elle
embaume l'air que nous reſpirons,
aprés l'avoir rempli du bruit des
loüanges qu'on luy donne, elle
nous fait goûter des plaiſirs qui ne
peuvent s'exprimer que par la
penſée.

Il n'eſt donc point de Paradis
que celuy de bien vivre pour bien
mourir ; tous les autres plaiſirs
n'en portent que le nom, ils ſont
imaginaires. Le repos de la ſanté eſt inſeparable de l'inquietude
que la crainte de la maladie nous
cauſe ; & quelque bonne fortune
qui nous arrive, comme le temps
qui change toûjours nous la donne, la neceſſité de ſon changement

nous fait prévoir en sa joüissance le malheur de sa privation.

Il faut se détacher ici-bas de l'amour de toutes choses, puisque nous n'en avons que l'usage; & comme celui du temps regarde l'Eternité, tous les momens de la vie nous doivent être également précieux, avec d'autant plus de raison, que le dernier fera pour jamais, ou nôtre felicité ou nôtre malheur.

Ne sçait-on pas que nos Poulmons sont des Horloges qui marquent les minutes par nôtre respiration, en attendant que l'heure de nôtre retraite sonne. Et comme la Montre de la vie est un Cadran sans éguille, on ne sçauroit connoître le temps qu'on a à vivre, chaque moment peut être nôtre dernier; & je ne m'étonne pas si la Providence l'a ordonné de la sorte, elle a voulu que le jour du départ fût incertain, afin que nous fus-

sions toûjours disposez à partir. O
qu'il y a de plaisir à faire les pré-
paratifs de nôtre retraite, & de
ne penser jamais à autre chose !
Qu'on ne se persuade pas que la
pensée en soit triste, une ame innocente y trouve son plaisir en y
trouvant son utilité.

Que sçauroit-on concevoir de
plus agreable & de plus utile, que
d'emploïer son temps à la conquête
de l'Eternité ? On marche avec joïe
quand la raison nous éclaire, aprés
qu'elle - même nous a montré le
chemin qu'on doit tenir. Je veux
qu'il soit dangereux, on n'a rien à
craindre sous la conduite de la Providence. Que s'il nous semble penible aujourd'hui, nous avons sujet
d'esperer qu'il sera demain plus
beau ; parce qu'en marchant toûjours, nous trouverons sans doute
un climat plus doux, & une con-
trée moins desagréable.

Le

Le Soleil ne se fait pas moins admirer en son couchant, qu'à son lever; & de quelque nuage dont l'inconstance du temps le couvre, il conserve toûjours son éclat, comme étant propre à sa nature. Il en est de même d'une belle ame; on la voit marcher d'un pas reglé aux approches du Tombeau, où elle doit terminer sa carriere; & de quelque disgrace dont la Fortune veüille troubler son repos, elle demeure immuable sur les fondemens qu'elle en a établis à la suite de la Vertu.

Quelque longue que soit la vie, la longueur paroît de si courte durée, quand le temps en est passé, qu'on n'ose y songer, tant il est vray qu'on prend cette verité pour un songe. Ce n'est pas mettre en usage la raison, que de marcher toûjours sans penser jamais au lieu où l'on va, puisque la demeure en doit être éternelle.   S

Comme la vie se confond avec
la mort , par une necessité dont les
loix sont inviolables , il faut necessairement perdre la raison , avant
que de perdre le souvenir de nôtre
condition mortelle & perissable ;
le Soleil ne nous éclaire que pour
nous montrer le chemin du berceau à la sepulture. Ce n'est pas
que nous ayons besoin de guide ,
on ne sçauroit s'égarer ; mais Dieu
permet en nous faisant marcher
sur les funestes traces de ceux qui
nous devancent , que nos esprits
soient convaincus d'une foiblesse
volontaire , par le témoignage de
nos sens , toutes les fois que nous
oublions ce que nous sommes.
Comment sçauroit-on l'oublier ?
on nous invite tous les jours aux
funerailles de nos parens & de nos
amis , en attendant qu'on celebre
les nôtres : mais il est important
de considerer que ce n'est pas assez

de fçavoir que nôtre mort eſt infaillible , il eſt neceſſaire encore
de ſe repreſenter que celle qui luy
ſuccedera ſera éternelle , ſi nous
n'emploïons tous nos ſoins à l'éviter.

La vie ne nous ſçauroit être a-
gréable , que dans l'eſperance
ſenſible d'une heureuſe mort , je
dis ſenſible par le ſoin qu'on y
prend ; on ne peut réüſſir en ce
deſſein , ſi luy ſeul n'eſt l'objet de
toutes nos penſées , & de toutes
nos actions.

Tout le monde veut vivre long-
temps ; le plus ou le mains en cela,
ſont inutiles : quand on vit dans ſon
devoir , une longue vie eſt une longue recepte dont il faut rendre
compte , & il doit être d'autant
plus exact , qu'on le rend devant
un Juge incorruptible.

Je ſçai bien que j'aurois de la
peine à perſuader que les penſées

de nôtre fin , font beaucoup plus
douces qu'ameres : mais quand on
fe reprefente que nôtre vie ne tient
qu'à un moment , & que dans
l'efpace de fa durée , la décifion
de nôtre éternité heureufe ou mal-
heureufe , fe peut faire , il faut
neceffairement qu'un homme raifonnable prenne plaifir d'y penfer , puifqu'il peut trouver fon falut en cette penfée. Que s'il a le
malheur d'en douter , qu'il fe laif-
fe convaincre par le témoignage
fans reproche de ceux qu'il voit
mourir , & il apprendra de leurs
dernieres paroles , que la felicité de
la vie , confifte aux penfées de la
mort.

Tout le monde fe plaint de la
defobéïffance de nos premiers parens , parce qu'elle a privé leur
pofterité des biens qui leur étoient
donnez en partage : mais Dieu ,
dont la bonté & la juftice font é-

galement infinies, a voulu accorder la même grace à un chacun de
le faire naître dans le nouveau Paradis de ce monde, avec cette
nouvelle défense, de ne violer
point ses Commandemens, puisque ce sont autant de fruits défendus. Quel sujet a-t-on maintenant
de se plaindre ? La connoissance
de la faute commise par nos peres,
nous peut instruire ; l'exemple de
leur châtiment doit rendre necessaire cette instruction. Chacun est
libre de subir ou de violer ses
Loix, chacun en recevra ou la récompense, ou la punition ; & c'est
en cela que Dieu nous persuade
sensiblement que sa bonté est in-
finie, puisqu'après avoir effacé de
son propre sang la tache du crime
de nos Peres, il a voulu que leur
posterité jouît du même privilege,
en luy donnant la même liberté,
afin de n'être redevable de nôtre

salut , qu'à sa seule misericorde ,
aprés avoir satisfait sa justice.

Chacun peut vivre dans le Paradis de ce monde , avec la premiere innocence de ses premiers Peres , en se nourrissant de tous les fruits que Dieu a plantez , sans manger de ceux qui luy ont été défendus.

C'est à nous de tirer profit du dommage d'autruy , en évitant de broncher à la même pierre qui a fait choir les autres : comme nous vivons aujourd'huy dans le Paradis de ce monde , subissons les Loix qui nous sont imposées , pour trouver la vie dans la mort , & si sa pensée nous afflige , regardons-la comme un moyen necessaire à l'établissement de nôtre souveraine felicité , nos cœurs soûpireront toûjours en l'attente du bien qu'ils esperent , ne pouvant être remplis que par celuy-là

même qui leur a donné l'être.
Quand on vit pour l'Eternité , la
vie du temps est ennuïeuse , & c'est
un sensible contentement , de terminer sa carriere avec l'esperance
d'être couronné au bout.

Ceux qui doutent de l'Enfer ,
n'ont qu'à consulter leur conscience , son bourellement sans relâche
leur apprendra que les tourmens
des damnez sont de même nature ,
puisqu'ils durent toûjours sans voir
la main vengeresse qui les punit.

Tous les criminels se font une
gêne de leurs crimes ; & sans voir
ny Bourreau , ny Supplice , ils se
sentent mourir à toute heure d'u-
ne mort beaucoup plus cruelle
que la mort même : mais ce n'est
pas assez de penser à bien faire ,
l'Enfer est rempli de ceux qui ont
conçû mille beaux desseins , & qui
sont morts dans la volonté même
de les executer ; les œuvres seules

font couronnées : Ce n'est pas
qu'un defir ardent de s'amender,
avec un regret fenfible de la mau-
vaife vie qu'on a menée, ne puiffe
être agréable à Dieu, dans la privation des moyens de l'executer ;
mais le mépris des occafions qui
s'en offrent, peut accroître nos
offenfes ; & toutes les volontez
qui fuivent ce mépris, ne fçau-
roient fatisfaire la Juftice ; elle veut
des effets, les paroles font inutiles.

Que de foibles penfées ! que de
vains defirs de bien vivre conçoit-
on tous les jours ! mais on ne gagne
pas le Paradis par le zele de la volonté, il le faut acheter de la valeur des actions, elles feules meri-
tent recompenfe.

Il eft vray qu'il faut que les volontez précedent les actions ; &
c'eft beaucoup gagner fur nous,
de fe déterminer une derniere fois
à bien faire : mais à moins que cette

te volonté ne se justifie à tous momens par nôtre impuissance à l'executer, le retardement est un nouveau crime qui doit attirer sur
nos têtes une nouvelle punition.

Vouloir toûjours faire du bien,
& le pouvoir sans le faire jamais,
c'est accumuler crime sur crime à
nôtre confusion ; le châtiment en
est infaillible.

Ce n'est pas assez de penser, ce
n'est pas assez de vouloir faire, il
faut passer outre ; le Paradis n'est
pas la recompense, ny des pensées,
ny des propositions ; il faut de necessité mettre la main à l'œuvre,
& franchir la carriere, pour être
couronné au bout.

Nous ne travaillons en cela que
pour nous ; le bien est si charmant,
de quelque côté qu'on le considere, que nous connoissons par nos
propres sentimens, que luy-même
sera un jour nôtre derniere recom-

T

penſe : il ne ravit pas ſeulement de
joye l'eſprit qui en conçoit la penſée , il a des charmes tous nouveaux pour remplir de délices les
cœurs qui ſoûpirent de ſon amour.

Ne vivre que pour bien faire ,
c'eſt vivre pour ne mourir jamais ,
d'une vie plus divine que mortelle ;
puiſqu'en vivant de la ſorte , on
s'établit un Paradis ici-bas , dont
les felicitez , pour être trop ſenſibles, ne ſe peuvent exprimer : Bienheureux celuy qui en parle par experience , il n'a plus rien à ſouhaiter.

Tous ceux qui ſe ſont engagez à
la ſuite de la Vertu, n'ont jamais
rebrouſſé chemin. Que ſi l'on en
voit beaucoup qui retournent ſur
leurs pas , aprés l'avoir quelque
temps ſuivie, on ne doit pas s'en
étonner, ils ne la ſuivoient , ſans
doute , que pour l'amour d'eux,
plûtôt que pour l'amour d'elle ,

ayant un objet tout contraire à leur
action. L'engagement de cette nature est si glorieuse, qu'il faut manquer de raison plûtôt que de volonté, pour ne la rendre pas éternelle.
Aimer la Vertu de tout son cœur
un moment, c'est assez pour l'aimer toûjours, elle n'a jamais fait
un Amant volage ; comme la connoissance precede l'amour, ceux
qui la connoissent parfaitement,
l'aiment de même.

REFLEXION MORALE.

Ceux qui ne pensent jamais à
la mort, la trouvent si effroïable
à sa premiere vûë, que je ne m'étonne pas s'ils en fremissent de peur ;
mais quand par une force de raisonnement plûtôt que de courage,
on se la rend familiere en y son-
geant toûjours, nous luy ôtons
l'horreur qui l'environne, & la rendons si belle, que s'il nous étoit per-

mis de la souhaiter on en soupire-
roit d'amour plûtôt que de crainte.

Jamais homme ne goûtera les
douceurs de la vie, sans penser à
l'amertume de la mort ; que si l'on
a de la peine à le croire, il faut se
representer que la mort a ses appas
aussi-bien que la vie, & que celle-
cy ne nous sçauroit être agreable,
que par l'esperance sensible que
l'autre nous sera heureuse ; ce qui
nous oblige d'y penser toûjours, si
toûjours nous voulons être heureux.

CHAPITRE XIII.

Nous ne devons nous étudier qu'en la
Science de nous sauver, pour vivre
content & mourir heureux.

TOUTES les Sciences du monde ne sont que vanité ; il les
fait oublier aprés les avoir apprises,

pour faire ſes Etudes dans l'Ecole de la Vertu ; elle ſeule nous peut apprendre le moyen de nous ſauver.

L'on a beau feüilleter les Livres, celuy du Ciel eſt le plus utile ; & ceux qui s'attachent à la contemplation de ſes Miracles, toûjours viſibles, & toûjours incroyables, ſe peuvent dire veritablement Sçavans.

Aſtrologues, vôtre ſcience eſt inutile à l'homme de bien, ſa probité fait ſon Horoſcope.

Theologiens, celui qui vit & qui meurt dans la créance de l'Egliſe, ſçait les plus beaux Preceptes que vous luy pouvez enſeigner.

Philoſophes, le Sage impoſe ſilence à vos argumens, puiſqu'il n'apprend à raiſonner que pour obéïr à la raiſon.

Mathematiciens, vous ne ſçauriez nier que la Regle de bien vivre ne soit plus juste que vôtre Compas de proportion.

Jurisconsultes, puisque la Justice n'est qu'une ferme & continuelle volonté de rendre à un chacun ce qui luy appartient, celuy qui aime son prochain comme soi-même, met en pratique le Droit que vous enseignez, sans avoir frequenté vos Ecoles.

Medecins, l'Art de conserver la santé de l'Ame est preferable à celuy de guerir les Maladies du Corps.

Ces veritez nous apprennent que la Science de bien vivre, nous peut faire estimer Sçavans, & en ce monde & en l'autre, puisque c'est la science de l'Eternité.

A quoy nous sert que l'Astrologie nous informe des malheurs qui nous peuvent arriver, si nous n'évitons celuy de nôtre Damnation ?

Comme les Articles de la Foy

& les Commandemens de Dieu, comprennent toute la Theologie qu'on doit sçavoir; il ne faut que croire & obéir, pour être grand Theologien, sans avoir étudié cette Science.

La vraye Philosophie consiste au mépris des choses du monde, comme beaucoup plus utile que leur connoissance.

L'avantage nous sera bien plus grand, de suivre les Regles de nôtre devoir, que d'apprendre celles des Mathematiques.

Il y a plus d'utilité à marcher dans les voyes de la Justice, qu'à passer Docteur en Droit : Et quelque experience qu'on ait dans la Medecine, nous avons plus de gloire à guerir nôtre esprit de ses foiblesses, qu'à soulager nôtre corps de ses douleurs.

Representons-nous encore, que si l'Astrologie sçait prédire le bon-

heur & le malheur de nôtre vie,
par les differens aspects des Astres,
nôtre conscience nous fait ressentir l'un l'autre par son repos & par
son bourellement.

Je veux que la Theologie nous
enseigne à parler des Attributs de
Dieu, il suffit de sçavoir qu'il est
infiniment juste & misericordieux
pour esperer sa misericorde &
craindre sa justice.

La Philosophie peut bien aussi
éclairer nôtre esprit en la connoissance des merveilles du monde ;
mais il vaut mieux en connoître les
miseres que les beautez , afin de
ne s'y point attacher.

La Mathematique ne nous sçauroit apprendre à mesurer le petit
espace qu'il y a entre la vie & la
mort ; & c'est ce qui nous seroit
utile à sçavoir, pour n'être pas sur-
pris de l'heure de nôtre départ.

Ceux qui ne font tort à personne, se peuvent dire Sçavans, sans étudier en Jurisprudence.

L'on doit se servir de la Medecine à ménager la santé du corps; cette vie perissable ne nous est donnée, que pour acquerir celle de l'Eternité.

Tous les Docteurs en Theologie, en Droit & en Medecine, sont des ignorans, s'ils ignorent l'art de se sauver : comme cette Science regarde l'Eternité, on oublie avec le temps toutes les autres que luy-même nous enseigne. Toutes les Sciences ont pour objet la verité; & comme aprés la mort nous n'en connoîtrons point d'autre que celle de nôtre salut, ou de nôtre perte, il faut éviter celle-cy, en pensant toûjours à l'autre.

S. Paul a été le plus éclairé de tous les hommes dans son elevation au troisiéme Ciel; & il est ne-

cessaire de remarquer que la premiere leçon qu'il en donna, ce fut
celle de chercher toute sa gloire
dans la Croix, aprés nous avoir
fait connoître à la lumiere de son
exemple, que la voye des souffran-
ces est infaillible pour arriver au
Port de l'Eternité. Comme Nôtre
Sauveur est le premier des Prédestinez, il a marché le premier devant
eux, en leur fraïant le chemin du
Calvaire; tous les autres aboutissent au Tombeau, où le temps
nous ensevelit avec luy, dans l'esperance incertaine de nôtre heureuse Resurrection. Que s'il est
vray que les Sages ne mettent jamais au hazard ce qu'ils ne peuvent perdre qu'une fois; la seule
pensée de commettre nôtre salut
à la Fortune, ne nous doit pas être
moins effroïable que l'Enfer même, si le peril encouru n'a point
de ressource, puisqu'il est la na-

ture d'un mal incurable.

Mathematiciens, vous cherchez en vain la quadrature du Cercle ; vous ne sçauriez la trouver qu'avec le compas de la Croix ; celuy qui s'est fait cloüer dessus, en a donné des Leçons infaillibles.

Jurisconsultes, les Disciples de la Croix sont plus sçavans en Droit que vous, puisqu'ils mettent en pratique les Preceptes que la Justice même leur a donnez.

Medecins, vos Ordonnances sont inutiles à tous ceux qui font profession de porter la Croix, puisque c'est le vrai Dictame de leurs blessures, & le souverain remede à toutes sortes de maux.

Saint François se rendit si sçavant dans l'Ecole de la Croix, que son amour y cloüa son cœur ; & par un nouveau miracle, cet amour eut la vertu de marquer sur son corps les cicatrices des playes de son Maî-

tre, afin que leur objet toûjours
fanglant, fervît de leçon à tous les
Difciples qui devoient à l'avenir
frequenter fes Ecoles, pour leur en-
feigner l'art d'aimer & de fouffrir.

Sainte Therefe y apprit cette
feule maxime, *de fouffrir ou de mourir* ; & comme elle la pratiquoit
continuellement, elle vêcut &
mourut dans les fouffrances, pour
être couronnée du prix qu'elle a
remporté.

Il ne faut fçavoir que ce qui eft
neceffaire pour nôtre falut, tout
le refte paffe pour fable. On eft
honteux en mourant, d'avoir la
tête remplie des vaines Sciences
qu'on a apprifes avec beaucoup de
peine, & peu de profit.

Efprits forts, tous vos raifonne-
mens prouvent vôtre foibleffe, fi
vous ne vous rendez à la verité,
en confeffant que vous n'avez rien
de propre que l'ignorance, le pe-

ché & la mort ; & comme tous trois
ensemble se confondent avec les tenebres qui les accompagnent inseparablement , vous mourrez dans
l'aveuglement où vous êtes , si d'un
cœur soumis vous n'avoüez vôtre
erreur , puisqu'elle est hors d'ex-
cuse.

Aussi-tôt que l'ame est separée
du corps , elle ne se souvient que
du bien & du mal qu'elle a fait ,
puisqu'elle doit être recompensée
de l'un , ou punie de l'autre éternellement ; & comme le dernier
moment de la vie , décide la destinée de tous ceux qui l'ont devancé,
l'étude la plus utile est celle de l'employ du temps , toutes nos felicitez
& toutes nos disgraces dépendent
de l'usage que nous en faisons.

Toute la Science de la vie consiste à bien vivre ; à quoi nous sert
de parler diverses sortes de langues,
si nous ignorons le langage de la

raison ? L'Enfer est rempli de ces malheureux Docteurs du monde, qui n'ont jamais eu que la vanité pour Precepteur ; l'art de se sauver est preferable à toute sorte de Sciences.

Il y a plus d'honneur à frequenter les Temples que les Ecoles, & la meilleure étude, c'est celle de l'Oratoire. C'est-là où dans la Solitude les Prieres nous peuvent servir de leçon, en instruisant nôtre esprit à ne chercher qu'une verité dans le monde, qui est celle de sa fausseté, puisque tout y est apparent, excepté le peché & la mort ; Tout y est imaginaire, à l'exception du crime & de la peine ; & comme celle-cy naît de l'autre, ils sont unis inseparablement.

L'aversion du mal, & l'amour du bien, nous peuvent rendre sçavans dans la pratique des habitudes que nous en avons contractées. Ce n'eſt pas qu'il ne nous ſoit permis de frequenter les Ecoles, & d'avoir même des Precepteurs domeſtiques pour nous inſtruire en la Profeſſion qu'on nous a deſtinée ; mais comme la premiere eſt celle de Chrêtien, il en faut conſerver le caractere avec pureté, puiſqu'il doit mourir avec nous. On ne nous demandera pas en mourant, ſi nous avons bien étudié en Droit ; mais plûtôt, ſi nous avons fait juſtice à tout le monde.

Comme la Science de bien vivre comprend toutes les autres enſemble, un homme qui meurt avec celle-là ſeule, ſe peut dire veritablement ſçavant. Toutes les Sciences de la terre, rempliſſent l'eſprit d'ordinaire de vanité, plûtôt que de lumiere ; il ne faut qu'étudier la Science de ſe ſauver, ſi l'on veut être eſtimé ſçavant, & en ce monde & en l'autre.

REFLEXION MORALE.

IL ne faut s'étudier qu'à bien vivre pour bien mourir ; c'est la science de l'Eternité, toutes les autres sont vaines & inutiles. La science de s'acquitter de son devoir, est la science du Chrêtien. Sainte Therese ne s'étudioit qu'à souffrir ; Saint François fit toutes ses études dans l'Ecole de l'humilité & de l'obéïssance ; & l'un & l'autre se sont rendus si sçavans, qu'après avoir remporté sur la Terre tous les prix que les hommes pouvoient donner, les Anges les ont couronnez de leur suffrage.

Celuy qui sçait aimer Dieu sur toutes choses, & son prochain comme soy-même, n'ignore rien de tout ce qu'on doit apprendre pour se sauver.

CHAPITRE

CHAPITRE. XIV.

La Vie Heureuse, & le solide repos
de l'Homme juste.

QUE la vie de l'homme juste est heureuse ! & que son repos est grand ! Jugez de la solidité de celuy-cy, Dieu même en jette les fondemens ; representez - vous la felicité de l'autre, on la peut comparer à celle des Anges. Que peut-on concevoir, & de plus agreable, & de plus glorieux à la suite de la Vertu, que d'en goûter tous les plaisirs, & d'en remporter toutes les Couronnes dans le temps, pour les posseder dans l'Eternité ?

C'est le destin de l'homme juste : comme le bien est son objet, & le mal son aversion, son ame joüit de la tranquillité qu'elle-même se donne, sans connoître les passions

V

que par la victoire qu'il remporte
fur elles. Ce n'eſt pas qu'il ne ſoit
ſenſible aux atteintes de la douleur, mais il eſt ſourd aux perſua-
ſions de la volupté:ce n'eſt pas qu'il
ne ſoit toûjours aux mains avec
la Fortune; mais comme l'eſperance du triomphe eſt beaucoup plus
grande que la peine du combat,
il tire ſon repos de ſon travail, &
trouve un veritable contentement
dans ſes inquiétudes imaginaires.

Tout rit à ſes deſirs, parce qu'il
ne deſire rien qui ne ſoit juſte; tout
ſuccede à ſes vœux, parce qu'il
n'en fait point qui ne ſoient rai-
ſonnables, & le ſuccés en cela ſuit
toûjours ſon attente, puiſque la
ſoumiſſion qui le devance, le luy
rend favorable.

De quelque côté que la Fortune
tourne ſa rouë, elle marque toûjours ſon bonheur, & il eſt d'autant plus grand, qu'il le croit ve-

ritable. Le temps a beau changer de visage, tous ceux qu'il prend luy sont agreables, il les regarde avec des yeux qui n'en sçauroient marquer la difference.

Il trouve dans sa maladie le même appas que dans la santé, parce qu'étant malade, il en fait le métier pour exercer sa patience; & la pratique a des douceurs qu'elle seule fait ressentir, de quelque nouvelle affliction qu'il se trouve atteint, soit par la perte de ses biens, ou de ses plus proches, aprés qu'il s'est signifié luy-même l'Arrest que la Providence en a prononcé, l'ayant ordonné de la sorte. Il tire sa consolation de ses ennuis, & contraint la nature à se satisfaire des larmes qu'elle-même luy fait répandre, puisqu'il n'a plus rien à luy donner.

En quelque condition qu'il soit, il ne s'étudie qu'à la remplir, pour

y trouver son repos, en y faisant
son devoir : comme il n'a pour ob_
jet que le bien, luy seul est sa recompense en ce monde, en attendant que luy-même fasse sa Couronne en l'autre.

Le plus ou le moins des biens de
la Fortune, ne font pas sa tranquillité, il se contente de celuy
dont il joüit ; & sans porter sa
vûë au-delà de son cercle, il employe tous ses soins à le remplir,
pour ne laisser point de vuide dans
la place que Dieu luy a marquée,
sçachant qu'il y est attaché par un
ordre souverain : si la necessité le
surprend, il la voit sans la connoître ; & s'il la connoît, il ne la ressent pas, puisque la necessaire ne
luy manque jamais ; & quoy qu'un
moment fasse l'intervalle de son
besoin & de son abondance, il espere toûjours pour être toûjours
content.

Je veux qu'il se trouve chargé d'une grande famille, & que pour son entreténement, le malheur du temps rende son industrie inutile : comme il sçait que celuy qui l'a chargé de ce fardeau, le pese luy-même avant que de le mettre sur ses épaules, il n'apprehende point de succomber sous son poids. *Je me confierai à Dieu, dans mon desespoir même*, disoit Job, aprés que sa femme l'eût abandonné. Cet homme juste tient le même langage : ce n'est pas que l'esperance ne soit dépositaire du bonheur qu'il attend ; mais quelque sombre que soit l'avenir, il en perce l'obscurité à la lumiere de sa foy, puisqu'elle luy rend present tout le bien qu'il desire : de sorte qu'il joüit par avance des felicitez qu'il attend, puisqu'elles sont infaillibles.

Dans cette innocente maniere de vivre, il vieillit si délicieusement, qu'il compte les heures de sa journée avec plaisir, en attendant celle de son départ sans impatience ; & comme il prend congé du monde à tous momens, en rompant les liens qui pourroient l'y arrêter de volonté, ou de pensée, il découvre peu à peu ce doux Port où le temps le doit faire arriver pour le livrer à l'Eternité.

Reflexion Morale.

J'ay de la peine à croire qu'on mette en doute la verité du Paradis & de l'enfer, puisque le repos & le bourellement de nôtre conscience nous font connoître sensiblement les délices de l'un, & les tourmens de l'autre ; & comme tout le monde en peut être témoin, son témoignage public le rend irreprochable.

L'homme juste a cet avantage, de goûter par avance ici-bas les douceurs du Paradis qu'il attend, par la joye que le repos de sa conscience donne à son ame ! comme il ne souhaite que Dieu, & qu'il trouve Dieu par tout, il voit en le voyant le succés de tous les desirs qu'il peut concevoir.

L'homme impie a de même ce malheur de ressentir par avance les peines de l'Enfer dont ses crimes le menacent : comme sa conscience toûjours bourelée, le tient toûjours à la gêne, Dieu permet qu'il soit luy-même tout à la fois, & son supplice & son bourreau. Ce qui m'oblige de persuader le Lecteur de mener une vie exempte de reproche, s'il veut qu'elle soit comblée en ce monde de felicité, & de gloire dans l'autre.

CHAPITRE DERNIER.

Reflexion sur tout ce Livre, pour en tirer du profit.

COMME tout le bonheur de la vie consiste au bonheur de la mort, nos pensées, nos paroles, & nos actions, ne doivent avoir d'autre objet que celuy de bien vivre pour bien mourir. Tout ce que l'imagination peut concevoir de délicieux, n'est que peine & douleur, si l'Eternité ne fait nos délices. Un million de siecles de felicité, & cent millions encore, ne sont rien du tout pour la durée, puisqu'on en peut compter les momens; mais quand on se represente une éternité de bonheur, une éternité de gloire, une éternité de repos, il faut être insensible à l'amour propre, pour mépriser la conquête

de

de tous ces biens qui ne finiront jamais.

L'un ne songe qu'à se faire riche, & la richesse luy demeure en
songe, puisqu'il n'emporte rien
dans le Tombeau ; l'autre se voüe
à la suite de la Fortune, pour acquerir tous les honneurs qu'elle
peut donner ; & dés le moment
qu'il en joüit, celuy qui luy succe-
de en termine la joüissance, par un
trépas precipité ? mille ans de vie
ne sont rien du tout quand ils sont
passez ; & puisque toutes choses pas-
sent, attachons-nous inseparablement à cet Estre souverain qui subsiste toûjours, en faisant des actions
qui s'immortalisent elles-mêmes.

Laissons à la Providence la disposition du temps, & soïons ménagers de celuy qu'elle nous donne.
Tous les biens & tous les maux
viennent de sa part, recevons-les
d'un même visage.

X

Il faut mourir neceſſairement ; adouciſſons les rigueurs de cette neceſſité, en menant une vie beaucoup plus belle, que la mort n'eſt effroyable. C'eſt le moyen d'être heureux & content.

Aprés avoir étudié le monde en differentes conditions l'eſpace de cinquante ans, je m'eſtime tres-heureux de l'avoir connu pour le faire connoître, puiſque la connoiſſance qu'on en a, & le mépris qu'on en doit avoir, ſe rendent inſeparables. Tous ſes plaiſirs ſont imaginaires, & ſes douleurs ſenſibles : Tous les biens qu'il expoſe en montre, n'en portent que le nom ; & tous les maux qu'il produit, ſe gravent eux-mêmes dans nos entrailles. L'eſperance eſt toûjours dépoſitaire du repos qu'il promet, parce qu'il ne ſçauroit le donner ; & la crainte accompagne toûjours celuy dont on joüit, il ne ſubsiste qu'un moment. Les grandeurs qu'on y prétend, n'ont qu'un faux éclat qui n'a rien de solide que l'apparence.

Toutes ces veritez aussi connuës de nôtre esprit, que le jour l'est de nos yeux, peuvent dévoiler ceux-ci, aprés avoir éclairé l'autre, pour nous faire trouver le repos que nous cherchons, en prenant le temps comme il vient, en suivant le chemin que la raison nous montre, en regardant Dieu dans toutes nos actions, en n'aimant que l'un, & en ne craignant que luy-même, puisque son amour & sa crainte font nôtre Paradis ici-bas. Representez-vous que tout est chimere dans le monde; on n'y trouve rien de veritable que la mort.

Le peché y fait tous les malheureux; & le peu d'espoir qu'on a en la Providence, tous les miserables: on n'y goûte les plaisirs qu'en ima-

gination , & on y reſſent les douleurs en effet.

Toutes choſes y vieilliſſent avec
les yeux qui les regardent ; & l'harmonie des loüanges qu'on y donne,
ſe perd dans l'air qu'elle frappe.

Les riches y ſont les plus mal par-
tagez , puiſqu'en cherchant un Paradis imaginaire dans la poſſeſſion
de leurs richeſſes , ils ne trouvent à
la fin qu'un veritable Enfer dans le
mauvais uſage qu'ils en ont fait.

Les pauvres ſe plaignent ſans
raiſon de leur deſtin , quoy qu'ils
n'ayent que les miſeres en partage,
puiſque la bonne fortune n'eſt pas
l'enſeigne de la maiſon du Sei-
gneur : Que dix ans de plaiſir &
de peine , ne ſont qu'une même
choſe , quand le temps & de l'un
& de l'autre eſt paſſé.

Comme le bien porte toûjours
avec ſoy la joye de ſa recompenſe , le mal eſt toûjours accompa-

gné de la crainte de sa punition.

On ne se lasse jamais, ny de bien vivre, ny de bien faire ; la bonne vie porte toûjours son repos avec elle, & les belles actions charment l'esprit de leur souvenir.

La satisfaction qui nous reste en mourant d'avoir bien vêcu, est beaucoup plus sensible que tous les plaisirs qu'on a goûtez pendant la vie.

Chacun songe à faire fortune en ce monde, où l'on ne fait que passer ; & fort peu de personnes travaillent à la faire en l'autre, où l'on doit vivre éternellement.

Il faut regarder d'un même œil tous les differens visages de la Fortune, pour s'élever au dessus d'elle ; car il y a plus de gloire à mépriser les richesses qu'à les posseder.

La fin de la vie est la fin du monde pour nous, & le jour de la mort le jour du Jugement ; & il n'est point d'esprit qui ne se rende aux pensées de l'Eternité, quand il se represente qu'il ne sçauroit, ny la fuïr, ny l'éviter, puisque le temps le conduit au tombeau, pour le livrer à cette Immuable, au sortir des mains de la Mort, qui est infaillible.

Le monde trompe tous ceux qui l'écoutent, & la Fortune tous ceux qui la suivent. La volupté n'a jamais fait que des malheureux, & l'ambition que des miserables. Et la mort, dont la seule pensée tient à la gêne l'esprit des riches, est la consolation des pauvres, puisque leur patience victorieuse sur la terre, fait les preparatifs de leur triomphe dans le Ciel.

On ne sçauroit trouver la tranquillité, que l'on ne la cherche en Dieu, luy seul la peut donner. Dés qu'on la regarde, on méprise tout ce qu'on a vû : dés le moment qu'on l'écoute, on ne veut plus rien en-

tendre. Dés l'inſtant qu'on l'aime,
on oublie toutes les choſes qu'on a
aimées ; au même temps qu'on le
deſire, on ne prétend plus rien icy-
bas, & l'on n'eſpere pas plûtôt en
luy, qu'on renonce pour jamais à
toutes les prétentions qu'on a dans
le monde. Toutes ces veritez ſe
prouvent d'elles-mêmes, leur lumiere perſuade tout à la fois, &
l'eſprit & les ſens, l'experience dément tous les incredules.

Je ne ſçaurois ſouffrir la malice
de ces aveugles volontaires, qui
demeurent le jour en preſence de
ſa lumiere. Il n'eſt point de crime
plus énorme que celuy de douter
volontairement d'une verité plus
éclatante que le Soleil ; elle ſe fait
connoître d'elle-même, Dieu a mis
tant de plaiſir à l'aimer & à le craindre, que ſon amour & ſa crainte
font le Paradis d'icy-bas ; & je m'é-
tonne qu'on n'en demeure perſua-

X iiij

dé, avec d'autant plus de raison,
qu'il n'est rien de si facile que de
l'éprouver, & que l'épreuve qu'on
en fait persuade en même temps
celuy qui l'a faite.

Tout le monde desire le repos
de la vie, & personne ne fait reflexion sur les moyens de l'acquerir.
Comme ce repos consiste à n'offenser jamais Dieu, luy-même permet
que cette verité soit si sensible,
qu'il faut necessairement que le
cœur se rende au plaisir qu'il y
trouve, s'il resiste à la raison qu'il
en connoît. Cher Lecteur, puisque par une Providence particuliere, ce Livre t'est tombé entre
les mains, ne souffre pas qu'il te
reproche un jour à ta confusion
éternelle, le mépris du conseil que
je te donne, de te rendre heureux
en ce monde & en l'autre, par une
volonté déterminée de n'offenser
jamais Dieu : je dis par une volonté

déterminée, comme elle commence l'œuvre de ton innocence pour
donner commencement à ton bonheur, la grace l'acheve pour te
combler de felicité.

Mais sçaches que comme nôtre
ame ne peut être remplie que de
Dieu, il la faut remplir par avance
& de son amour & de sa crainte,
afin qu'en l'aimant de tout nôtre
cœur, nôtre cœur ne desire plus
rien, & qu'en le craignant de même, nôtre esprit soit exempt d'inquietude. C'est l'unique moyen de
vivre heureux, & de mourir content.

Resous-toy par une resolution
déterminée, à n'offenser jamais
Dieu mortellement, & à ne refuser jamais l'aumône au pauvre qu'il
t'envoye, sans faire cette reflexion
que tu t'appauvriras toy - même :
comme Dieu reçoit la charité que
tu fais aux pauvres, il s'oblige en

la recevant de te la rendre ; & tu n'en dois pas douter, puiſqu'il te le promet. Je ne meſure pas ta charité, en donnant un prix à ton aumône, il ſuffit que tu la faſſe à proportion de ta puiſſance , pourvû que ton cœur devance ta main.

Il eſt inoüi qu'un homme ſe ſoit appauvri pour avoir trop donné aux pauvres, l'excés de la charité change de nature , il eſt toûjours moderé. Ne t'enquiers pas de la nature par le truchement de l'amour propre , que deviendront tes enfans. Il fait bon mettre ſon argent entre les mains de Dieu, puiſqu'au lieu de faire banqueroute, il nous en paye l'intereſt par avance avec tant de profuſion , qu'il ſurpaſſe le principal.

F I N.

TABLE DES CHAPITRES
contenus en ce Livre.

TABLE

APPROBATION.

J'AY lû par ordre de Monseigneur le Chancelier, un Livre intitulé, *la Vie Heureuse, ou l'homme Content,* &c. dans lequel je n'ay rien trouvé qui en empêche l'impression. A Paris le 2. Juin 1707.

TERRASSON.

meurs-Libraires & autres dans ladite Ville
de Paris seulement, d'imprimer ou faire
imprimer ledit Livre en tout ni en partie,
& d'y en faire venir, vendre & debiter
d'autre impression que celle qui aura été
faite pour ladite Exposante, sous peine de
confiscation des Exemplaires contrefaits,
de mille livres d'amande contre chacun des
contrevenans, dont un tiers à Nous, un
tiers à l'Hôtel Dieu de Paris, l'autre tiers
à ladite Exposante ; & de tous dépens,
dommages & interests : à la charge que ces
Presentes seront enregistrées tout au long
sur le Registre de la Communauté des
Imprimeurs & Libraires de Paris, & ce
dans trois mois de la datte d'icelles : que
l'impression dudit Livre sera faite dans nôtre Royaume & non ailleurs, en bon pa-
pier & en beaux caracteres conformement
aux Reglemens de la Librairie ; & qu'a-
vant que de l'exposer en vente il en sera mis
deux Exemplaires dans notre Biblioteque
publique, un dans celle de notre Château
du Louvre, & un dans celle de notre tres-
cher & feal Chevalier Chancelier de Fran-
ce le Sieur Phelyppeaux Comte de Pont-
chartrain Commandeur de nos ordres : le
tout à peine de nullité des Presentes. Du
contenu desquelles vous mandons & en-

joignons de faire joüir l'Exposante ou ses
ayans cause pleinement & paisiblement ,
sans souffrir qu'il leur soit fait aucun trouble ou empêchement. Voulons que la copie
desdites Presentes qui sera imprimée au
commencement ou à la fin dudit Livre soit
tenuë pour dûëment signifiée , & qu'aux
copies collationnées par l'un de nos amez
& feaux Conseillers & Secretaires , foy
soit ajoûtée comme à l'Original. Comman-
dons au premier notre Huissier ou Sergent
de faire pour l'execution d'icelles tous Actes
requis & necessaires , sans demander autre
permission , & nonobstant Clameur de
Haro , Charte , Normande , & Lettres
à ce contraires. Car tel est notre plaisir.
Donne' à Versailles le dix-septiéme jour
de May l'an de grace mil sept cens onze ; &
de notre regne le soixante-neuviéme. Par
le Roy en son Conseil , MOURET.

*Registré sur le Registre Nº 3 . de la Commu-
nauté des Libraires & Imprimeurs de Paris
page 176. Nº 186. conformement aux Reglemens , & nottamment à l'Arrest du 13.
Aoust 1703. A Paris le 5. Juin 1711.*
P. DELAUNAY , *Syndic.*

Le prix de ce Livre est de 30. sols.